高情商
说不

李世强 编著

北方妇女儿童出版社
·长春·

图书在版编目（CIP）数据

高情商说不 / 李世强编著. –– 长春 : 北方妇女儿童出版社, 2024. 5. –– ISBN 978–7–5585–8604–0

Ⅰ. B842.6–49; H019–49

中国国家版本馆CIP数据核字第20248T5Q11号

高情商说不
GAO QINGSHANG SHUO BU

出 版 人	师晓晖
特约编辑	刘慧滢
责任编辑	王天明
装帧设计	纸上书妆
开　　本	710mm×1000mm　1/16
印　　张	12
字　　数	112千字
版　　次	2024年5月第1版
印　　次	2024年5月第1次印刷
印　　刷	三河市燕春印务有限公司
出　　版	北方妇女儿童出版社
发　　行	北方妇女儿童出版社
地　　址	长春市福祉大路5788号
电　　话	总编办：0431-81629600

定　　价　59.00元

前 言

你是否经常很难拒绝别人的请求或要求？你是否经常为了不让别人失望或生气，而勉强答应一些自己不想做的事情？你是否经常因为不敢说"不"，而导致自己的工作、生活、健康和幸福受到影响？

如果你的答案是肯定的，那么你不是一个快乐的人。

在这个竞争激烈、关系复杂、信息爆炸的时代，很多人都面临着如何拒绝他人的困扰。我们可能担心说"不"会伤害别人的感情，会损害自己的形象，会失去一些机会，会引起一些麻烦。我们可能觉得说"不"是一种不礼貌、不合作、不负责、不感恩、软弱、自私、冷漠、无能的表现。

其实，这些都是错误的观念和想法。说"不"并不意味着你是一个坏人，也不意味着你是一个弱者；说"不"是一种正常的、合理的、必要的、有益的行为；说"不"是一种表达自己、维护自己、尊重自己、爱护自己的方式；说"不"是一种展示自己、赢得他人、建立信任、增进关系的方式。

当然，说"不"不是一件容易的事情，也不是一种随意的态度。说"不"需要一定的技巧、方法、原则和情商。说"不"需要考虑自己的目标、价值、能力和情绪；说"不"需要关注他人的需求、感受、反应和后果；说"不"需要平衡自己和他人的利益、关系、责任和权利。

本书就是为了帮助你学会高情商说"不"，让你能够在不同的场合、不同的情况下，面对不同的对象，有效地、恰当地、优雅地拒绝他人。本书用通俗易懂的语言简单明了地介绍了在各个场景中如何高情商地说"不"。

通过阅读本书，你能够提高情商，增强自信，掌握选择，改善生活。你将能够用一种积极的、健康的、和谐的方式，与他人相处，实现你的目标和梦想。

希望本书能够给你带来启发和帮助，让你成为一个会说"不"的人，一个高情商的人，一个幸福的人。

目　录

第一章　朋友篇

❀ 对没有分寸感的朋友，要懂得拒绝

第二章　工作篇

❀ 同事的忙，你可以不帮

第三章 管理篇

🌺 委婉拒绝员工的一些请求

🌺 高情商的拒绝，让员工不灰心

第四章　女性篇

🌸 对陌生异性的邀约要置之不理

🌹 闺密的热情，有时需要冷漠拒绝

🌼 面对陌生推销，敢于坚决说不

❧ 对异性的过分要求要果断拒绝

第五章　爱情篇

❧ 不想做的事，不必勉强答应

❧ 你的生活习惯，不由对方做主

❧ 涉及你的未来，小心谨慎

第六章 婚姻篇

❧ 婚姻之中，拒绝用语言暴力

❧ 婚姻不等于捆绑，拒绝失去自我

❧ 婚姻是相互扶持，不是相互指责嫌弃

第七章 亲子篇

❧ 拒绝孩子的不良习惯

第八章　技巧篇

🌸 22个拒绝妙招儿，每招儿都效果显著

第一章

朋友篇

》》 懂得拒绝，才不会为人情所累

朋友每次聚会都叫你，但你并不想参加

朋友总是叫你参加一些莫名其妙的聚会。你很讨厌这些聚会，但又怕朋友觉得你不给他面子，每次都硬着头皮去。今天，一个朋友又给你打电话，你该如何拒绝？

一般拒绝：

谢谢你的邀请，但是我周末有事情要做，不能与你一起庆祝了。祝你生日快乐，玩得开心。

高情商拒绝：

我很高兴能收到你的邀请，你的派对一定会很精彩。不过我周末已经与家人约好了一起出去旅行，这是很久之前就计划好的。所以我很抱歉不能陪你一起庆祝了。但是我相信你有很多好朋友会陪着你，让你的派对成为一个难忘的回忆。祝你生日快乐，一切顺利。

拒绝朋友的邀请时，要注意语气诚恳，不要伤害对方的感情。同时也要坚持自己的原则和计划，不要因为别人的要求而浪费自己的时间和精力。

朋友引荐新朋友，但你不想扩大社交圈

朋友 A 邀请你参加聚会，说要给你介绍一个新朋友 B。A 对你说："B 是一个很有趣的人，希望你们能成为好朋友。"你觉得 B 和你性格爱好都不同，而且你已经有足够多的朋友，不想再扩大社交圈。你该如何拒绝 A 的好意？

一般拒绝：
我觉得我和 B 不合拍，不想和他认识。

高情商拒绝：
多谢你怕我朋友少，不断给我介绍新朋友。我和 B 确实有一些共同点，但是我觉得我们之间还是有一些差异，可能不太适合做朋友。我很珍惜咱俩的友谊，希望你能理解我的想法，不要因为这件事而影响了咱俩之间的关系。所以，今晚的聚会我就不去了。

拒绝朋友介绍的新朋友时，很容易让对方感到不愉快。因此，拒绝时要表示感谢和尊重，不要让对方觉得你在嫌弃他或者他介绍的人。说明理由和差异，不要让对方觉得你在找借口敷衍他。

周末你想待在家，朋友却约你出门

周末你想在家看电影，放松一下。但是你的朋友打电话给你，说："你周末没事吧？我周末去你家吃饭，咱俩好久没见了，顺便聊聊天。"你该如何拒绝？

一般拒绝：

对不起，我这个周末有点儿事情，不能和你一起吃饭了。你可以找别的朋友陪你吗？

高情商拒绝：

我很高兴你想和我一起吃饭，聊聊天。但是我这个周末真的很累，想好好休息一下。如果你不介意的话，我们可以改天再约吗？我很想听听你最近的生活和工作状况。

拒绝朋友来拜访很难为情，但真要拒绝的话，要表达自己的感受和理由，让对方知道你不是故意拒绝他。提出其他的建议或者替代方案，让对方觉得还是在乎他的。保持礼貌和友好的态度，不要让对方觉得你是在推托或者是在敷衍他。

朋友劝你办信用卡，你并不需要

朋友说："帮我办张信用卡吧。公司任务太多了。反正你出门都得花钱，以后刷信用卡多方便。"你不喜欢用信用卡，该如何拒绝？

一般拒绝：

我不想办信用卡，我觉得现金或者银行卡就够用了。而且，我要信用卡没用。

高情商拒绝：

我理解你的难处，现在银行的业务真是太多了，你们的工作真是累。我也很想帮你解决问题，但是你也知道，信用卡对我没有太大的用处。我每个月总是忘记还款，总会造成逾期，最后因为信用卡把自己弄得焦头烂额。不知道你有没有其他的办法，比如用别的渠道或者找其他人，如果有什么我能做的，我会尽力的。

拒绝别人的请求时，要尊重对方的感受，用委婉语气表达自己的想法，避免直接否定对方，要给对方留面子。

朋友让你买保险，怎么拒绝不伤感情

你的朋友是一家保险公司的业务员，他经常给你打电话或发微信，说："有一款很适合你的保险产品，你赶快过来买吧。"你已经有保险规划了，不想再买多余的保险，但又不想伤害与朋友的感情，你该怎么拒绝？

一般拒绝：

谢谢你的关心，但是我已经有保险规划了，目前不需要再买新的保险。我知道你是为我好，但是我真的不需要，希望你能理解。

高情商拒绝：

我很敬佩你在保险行业的成就，你推荐的产品也很不错，我相信很多人都会喜欢。但是我已经根据自己的实际情况和需求，制订了一套合适的保险方案。我知道你是想帮我省钱或赚钱，但是每个人的情况都不一样，不能一概而论。如果你有其他更适合我的产品或服务，欢迎随时跟我分享。

拒绝朋友推销的保险，要坦诚、礼貌、理性地表达自己的想法和感受，既要尊重对方的工作和产品，又要坚持自己的选择和判断。不要轻易答应或拒绝，要给出一个合理的理由或建议。这样既能避免买到不需要或不合适的保险，又能维护朋友之间的和谐关系。

朋友劝你喝酒，怎样拒绝才能不破坏友谊

聚餐中遇到朋友和你说："这杯酒你必须喝，咱俩的情谊都在这杯酒里了，你不喝就是不给我面子。"你怎么拒绝？

一般拒绝：

对不起，我真的不能喝酒，我对酒精过敏，喝了会很难受。你的情谊我心领了，但是这杯酒我实在是不能喝，你就别逼我了，好吗？

高情商拒绝：

你还不知道我家的情况吗？我这么酒气熏天地回去，万一我家里那位"河东狮吼"起来，我还不得跪搓衣板哪？你也不想看到我回家跪着睡一晚上吧？你给我面子，我也给你面子，这杯酒我就不喝了，我用茶代替，咱俩干了，好不好？

面对朋友的敬酒，自己表示不能喝酒时，不妨把拒绝的话说得幽默些，既可以给对方一个台阶下，又能活跃气氛。酒局上大家被你的话逗开心了，很可能会放过你。

别为了留下好印象，什么都答应

过年回家，朋友让你帮忙抢火车票

你是一个老好人，无论朋友找你帮什么忙你都答应。有一天，一位朋友找到你，说："马上过年了，今年的火车票太紧张了，我抢不到。你看有没有办法，帮我买上过年的火车票呢？"你知道春运的火车票多难买，你该如何拒绝？

一般拒绝：
对不起，我也买不到火车票，你还是自己想办法吧。

高情商拒绝：
我很理解你的困难，但是我也没有买到火车票，我也是在网上抢的，你可以多刷刷，说不定有机会抢到。

拒绝帮朋友买火车票时，要根据你和朋友的关系，以及你的真实想法来选择。一般来说，高情商的拒绝方式会显得更加同情和体谅对方，也会更容易减少对方的不满和失望。但是，你也不要过分责怪自己，因为你有你的困难和无奈，你也需要保护你的权益和自由。

朋友托你办的事超出了你的能力范畴

朋友请你吃饭，酒过三巡后，朋友说："我知道你有能力。能否帮我联系一下李厂长，我们有个项目想和他们公司合作。"你根本不认识这个李厂长，而且你没有这么大能力，该如何拒绝？

一般拒绝：

你太看得起我了。我跟李厂长根本没什么交情，也不知道他的联系方式。你还是另找别的渠道吧。

高情商拒绝：

谢谢你的信任，我很高兴你有这么好的项目想要合作。不过我跟李厂长只是见过几面，没有深入了解，也没有他的联系方式。我觉得你应该直接跟他们公司联系，或者找一些跟他有深入了解的人做介绍。这样更有利于你的项目成功。如果有什么其他方面我能帮到你的，请尽管说。

拒绝朋友的请求时，要注意掌握好语气和态度，既要坦承自己的困难和限制，又要尽量给予对方帮助和鼓励。不要轻易答应不可能完成的事情，也不要冷漠地拒绝。要尊重对方的需求，也要保护自己的利益。

朋友经常让你帮忙，你觉得不方便

朋友经常不在家，每次有快递到了，都会给你打电话，让你帮忙签收。但他的快递太多了，几乎每天都有。你每次都要跑到他家门口去签收，然后再把快递放到自己家里。你觉得这样很不方便，该如何拒绝？

一般拒绝：

我最近很忙，没时间帮你签收快递了。而且我不想把你的东西放在我家里，占用我的空间。你以后要么改变一下网购的习惯，要么找其他邻居帮忙吧。

高情商拒绝：

我很乐意帮助你，但是我最近真的很忙，没有时间去签收快递。所以你以后尽量安排好自己的时间，或者提前跟快递员沟通一下送货的时间和地点。如果实在不行，也可以跟其他邻居商量一下，看看谁能帮忙。

朋友让你帮忙签收快递是一件比较麻烦的事情，如果每天都这样，也会影响你的生活和工作。所以你有权利拒绝他的请求。但拒绝时语气要婉转一些，并给出一些解决办法，避免因为此事造成朋友不睦。

朋友每次吃饭，都要你买单

你的朋友经常说你是个大方的人，每次吃饭都要你买单，这让你觉得很不舒服，但又不想驳他面子。下午，他又给你打电话，说："今晚聚聚？"你听到这话就知道他又要"宰"你，该怎么拒绝？

一般拒绝：

对不起，我现在没钱，请不起你们吃饭，你们还是自己掏钱吧。

高情商拒绝：

我很高兴和你们一起吃饭，但是我不想让你们觉得我有什么目的，或者欠我什么，我们可以做一些其他的活动，比如看电影，或者打游戏，你们觉得呢？

拒绝和朋友一起吃饭时，要注意掌握好分寸和语气，既要坚持自己的原则，又要考虑对方的感受。

朋友向你销售产品，你觉得价格不合理

你想买一部手机，朋友在一家手机店工作，你就去他的店里看看。他说："放心，我给你的肯定是内部价，比外面便宜。"但你在网上搜了一下，发现他给你的价格比网上的价格高了1000元。你觉得很不合理，你该怎么拒绝？

一般拒绝：
你这个价格太高了，比网上贵了1000元，我不买了。

高情商拒绝：
谢谢你给我推荐这款手机，我知道你是为我好。但是我预算可能没那么多，我想买个便宜点的。你能不能帮我看看有没有其他优惠或者活动呢？或者你有没有其他款式可以推荐给我呢？

高情商下的拒绝，并非接受他推荐的其他手机。而是用这种委婉的语气，在不伤害友谊的情况下，还能不在他的店里购买手机。

你托人找朋友装修，对方却报高价

你要装修新房，找了朋友开的装修公司。他说："我给你装修，你放心。保证价格低，材料好。"但他最后给你的报价，比市场价高出了20%。你觉得这个价格不合理，但又不想伤害朋友的感情，你该怎么拒绝？

一般拒绝：

你这个价格太贵了，比其他公司高出20%。我再看看其他公司吧。

高情商拒绝：

感谢你给我出了这个报价。但是我也有我的预算和计划。我在网上查了一下市场价，发现你的报价比平均水平高出20%。这超出了我的承受范围。我不知道你是不是有什么特殊的理由，如果有的话，我们可以好好沟通一下。如果没有的话，我希望你能考虑一下我的情况，给我一个更合适的报价。

拒绝时先表达感谢和信任，避免伤害对方的自尊心。说明自己的困难和需求，让对方理解自己的立场和原因。最后提出合作的建议或者寻求其他的解决办法，展示自己的诚意和尊重。

朋友卖给你的衣服比别人家的贵

你去朋友的服装店买衣服，他的报价比别人家贵。你该如何拒绝？

一般拒绝：
你这衣服怎么比别家的报价都贵，我不买了。

高情商拒绝：
谢谢你的推荐，这件衣服确实很漂亮，但是我觉得它不太适合我。我想找更简单一点儿的款式，你有没有其他的建议？

高情商拒绝比较委婉，也比较诚恳，可以让朋友感到你尊重他的职业和品味，也可以给他一个转移话题的机会。

对没有分寸感的朋友，要懂得拒绝

朋友要来你家借宿，你不方便

朋友下午突然给你打电话，说："我和女朋友吵架了，今晚不想回家了，去你家住一晚。"你该如何拒绝？

一般拒绝：

不好意思，今晚不能让你来我家住。我明天要早起工作。你还是找别的地方吧。

高情商拒绝：

我很理解你现在的心情，我也很想帮你。但是今晚不能让你来我家住，因为我家有一些私人的事情要处理，不方便接待客人。我建议你和女朋友好好沟通一下，或者找个酒店住一晚，给彼此一些空间。如果你需要什么，可以随时给我打电话。

这种情况下拒绝，很有可能会伤害你们之间的友谊，因此要格外小心。先表达同理心和关心，让朋友觉得你不是冷漠的人。说明拒绝的理由，让朋友知道你不是故意为难他。提供一些替代的建议或帮助，让朋友有其他的选择。

平时不怎么联系的朋友突然找你借钱

一个平时不怎么联系的朋友，突然打电话找你说："我最近家里出了点事，想跟你借 5 万块钱，不知道你方不方便？"你该怎么拒绝？

一般拒绝：

对不起，我现在手头也很紧，没办法把钱借给你。希望你能理解，早日解决你的困难。

高情商拒绝：

我很理解你的处境，也很想帮你，但是我现在也有一些经济上的压力，如果我借给你钱，可能会影响我的生活质量。希望你能理解我的难处，也不要因为这件事影响我们的友谊。或许你可以找其他的方法解决你的问题，如果有什么我能帮忙的，我一定尽力。

拒绝朋友借钱时，要让他感觉你是真心为他着想，让朋友觉得你是在尊重他，或者体谅他，而不是让朋友觉得你是在推卸责任，或者敷衍了事。这样，即便你没有把钱借给他，也不会伤害彼此之间的友谊。

你正在工作，朋友总给你打电话

你正在为一个重要的项目准备报告，但是你的朋友却不断地给你打电话，说："我发现了一个大新闻，你要听听吗？"你该如何拒绝？

一般拒绝：

对不起，我现在很忙。等我有空了再给你回电话吧。

高情商拒绝：

我很高兴听到你的声音，但是我现在正在为一个重要的项目准备报告，时间很紧张。我真的很想听听什么事，但是我现在不能分心。你能不能等我完成这个报告后再给我打电话呢？我保证会尽快给你回复的。谢谢你的理解和支持。

拒绝朋友的电话，要说明自己的工作情况和紧迫性，让对方知道你不是在找借口。提出合理的延期请求，让对方有期待和信心。

朋友想让你义务帮他做项目

你的朋友是一个创业者，他想做一个电商平台，但是没有技术团队。他知道你是一个程序员，希望你能免费帮忙写程序，你该如何拒绝？

一般拒绝：

写代码是很麻烦和耗时的，即便是朋友，也没有免费帮忙写的。

高情商拒绝：

我很佩服你的创业精神和创新思维，你的项目听起来很有潜力。但是我想告诉你，我现在工作很忙，每天都要加班到很晚，我真的没有多余的时间来做这个项目。而且我不是专业的网站开发者，我只会一些基础的编程知识，我怕我做出来的东西不符合你的要求和期望。我觉得这个项目对你来说很重要，所以我不想耽误你项目的进度和质量。我建议你还是找一些有经验和能力的技术人员来帮你吧！

首先应评估自己是否有足够的时间和精力来承担这个项目。还要向朋友说清项目的复杂性和所需的专业技能。诚实地说明自己的情况和原因，相信会得到朋友的理解的。

你文笔很好，经常有朋友让你写文案

朋友刚创立一家装修公司，找到你说："你文章写得好，帮我写个文案和推广方案吧。这对你来说肯定是小菜一碟。"但你很忙，而且不太熟悉装修行业，无从下手。该如何拒绝？

一般拒绝：

对不起，我最近很忙，没办法帮你写文案。

高情商拒绝：

我很佩服你的创业精神。但是我现在手头上有很多工作要做，实在没有多余的时间和精力来帮你写文案和推广方案。而且我觉得你公司初创，需要一个更专业的人来写，才能更好地展现它的优势和特色。我建议你找一些有经验的文案写手或者机构进行合作，这样可能会更有效果。

拒绝朋友的请求不是一件容易的事情，需要考虑对方的感觉和关系。拒绝时要注意保持礼貌和诚恳，尽量给对方一个合理的理由和一个可行的建议。

你工作很忙，朋友托你照看孩子

你今天有一个很重要的会议，需要准备报告和演讲。朋友却突然给你打电话，说："我有急事要出门，你能不能帮我照顾一下我家小宝，大概两个多小时我就能回来。"你该如何拒绝？

一般拒绝：

对不起，我今天有一个很重要的会议，要准备很多东西，我没法儿帮你照顾小宝。

高情商拒绝：

你怎么遇到这种情况了？我能理解你的难处，但是我今天也有一个很重要的会议，如果不去的话，可能会影响我的工作和前途。我真的很想帮你，但是我实在没有办法。你能不能找别的朋友或亲戚帮忙？或者你可以把小宝送到附近的临时托管班，我可以帮你支付费用。

拒绝这样的请求的确很难，也会伤害友情。但若确实有事，不能因担心朋友不开心而耽误自己的事情。因此，要清楚地表达自己的立场和原因，不要含糊或推诿。如果可能的话，还可以提供一些其他的解决办法或帮助，让对方感受到你的诚意和关心。

朋友今天搬家，让你过去搭把手

你的朋友今天要搬家，她给你打电话，说："本来叫了搬家公司，但是临时加价。我觉得不如叫你过来帮忙搬，搭把手的事，还能省下钱。"你该如何拒绝？

一般拒绝：

抱歉，我最近感冒了，身体很虚弱，不适合搬东西。

高情商拒绝：

我知道搬家很麻烦，也很辛苦。我很想去帮你，但是我今天有一个很重要的会议，实在走不开。要不你找其他的亲戚或朋友看看有没有空的？或者我帮你查查其他的搬家公司，看有没有经济实惠的。等我公司的事忙完，你还有需要的话，我立刻去帮你。

朋友之间需要常常走动，相互帮助。但不能因为是朋友，抹不开面子，就耽误自己的事情而去帮助朋友。这样你会感到很疲惫。

朋友家每次打扫卫生都叫你过去帮忙

你的朋友每次打扫卫生时都叫你去。一开始，你不好意思拒绝，但你觉得心里不平衡。这次，朋友又打来电话，说："快过年了，家里要大扫除。反正你也闲着，过来帮我一起打扫。"你该如何拒绝？

一般拒绝：

我不想帮你打扫卫生，这不是我的责任，你应该找个钟点工。

高情商拒绝：

我知道你很忙，需要有人帮你打理家务，但是我也有自己的事情要做，不方便总是去你家帮忙。而且我觉得你的孩子懂事了，应该学会承担一些家务责任，这样对他们的成长也有好处。如果他们不愿意做，你可以给他们一些奖励，激励他们主动参与家务。我相信他们会慢慢改变的。

这样的拒绝既表达了你的立场，又体现了你的理解和关心，还给出了一些建议和鼓励，不会让朋友觉得你冷漠。

朋友出门旅游，让你每天帮忙浇花

朋友要出门旅游一周，他家有很多盆栽，他找到你，说："能不能请你帮忙照顾一周这些盆栽？就是每天浇浇水，若是叶子长长了，就修剪修剪。"你对花草不太了解，怕水浇多了或浇少了，对修剪更不懂。该如何拒绝？

一般拒绝：

抱歉，我对花卉不太懂，我怕水浇多了或者浇少了，会影响花的生长。

高情商拒绝：

你家的花卉真是漂亮，我也很喜欢它们。谢谢你想到我，让我帮你照顾它们。可是我对花卉不太懂，我怕浇水的量或者频率不合适，会伤害到它们。你能不能给我一些指导呢？比如每天浇多少水，什么时候浇水比较好。或者你有没有别的邻居或者朋友擅长养花的呢？也许他们能更好地帮助你。祝你旅行愉快，注意安全。

> 拒绝朋友时可以先肯定对方的情感和信任，再表达自己的困难和建议，并给对方提供一些替代方案或者帮助。

第二章

工作篇

>> **同事的忙，你可以不帮**

不是你的工作，同事让你帮忙做

财务室的小林找到你，说："我下午有事要离开一会儿，你能帮我盯一会儿吗？应该没什么事情，如果有，也只是一张小财务报表，我把具体填写方法都给你罗列好了，你看能帮个忙吗？"你该如何拒绝？

一般拒绝：

这怎么可能？你怎么能把你的工作让我来做呢？就算会，我也不能帮你做。我是技术人员，又不是财务人员。

高情商拒绝：

小林，我知道你下午有事要离开一会儿，这对你来说很不方便。我也很想帮你，但是我下午也有一个重要的项目要交付，如果我分心去做财务报表，可能会影响项目的质量。你看能不能跟领导说明一下情况，或者找其他同事帮忙呢？我相信他们会理解和支持你的。

高情商拒绝的方法是先表示理解和同情，再说明自己的困难，最后给出建议或替代方案。这样，对方会觉得你是真的无法帮忙，而且真的在帮他想解决问题的方法。同事不仅不会对你的拒绝生气，还会产生感激之情。

其他部门同事未请示你领导，让你帮忙

市场部同事找到销售部的你，说："你现在有空吗？帮我做一份市场调研报告书吧！你天天见客户，对客户比我们市场部熟悉，你做的调研报告书要更贴合市场。"你该如何拒绝？

一般拒绝：

对不起，我现在很忙，没有时间帮你做市场调研报告。你应该先和我的领导沟通，看看他是否同意我参与这个项目。

高情商拒绝：

感谢你对我的信任，我很乐意帮助你。但是，我现在有一些紧急的工作要处理，恐怕无法抽出时间来做市场调研报告。而且，市场调研报告涉及跨部门的合作，我需要先征得我领导的同意才能参与。如果你不介意的话，我可以把这个事情告诉我的领导，看看他是否有空余的人力资源可以支持你。

拒绝别人的请求时，要注意礼貌和尊重，不要直接说"不"或者"不行"。要给出合理的理由，说明自己的困难和无奈。同时，也要表达自己的善意和合作意愿，尽可能提供一些替代方案或建议。

新同事想让你帮忙介绍客户资源

销售部的新同事找到你，说："哥，我刚来咱们公司，想去拜访顾客、拓展业务，但是没有相熟的客户。你能不能把你的客户资源介绍给我一点儿？"你该如何拒绝？

一般拒绝：

不能。客户资源是我好不容易积攒起来的，怎么可能分享给你。你自己去找其他途径拓展业务吧。

高情商拒绝：

我不是不信任你，我也觉得你很有上进心和能力。但是，你也知道，这些客户是我经过长时间的沟通和合作才建立起来的。我需要对他们每个人的隐私负责，不能随便把他们介绍给其他人。否则，客户知道我泄露了他们的信息，我们之间的信任也会随之瓦解。你可以尝试先跑市场，一家门店一家门店地去拜访，遇到对咱们产品感兴趣的，接下来几天就主动接近，这样拿下的客户也会成为你的忠实客户。

一般直接拒绝可能会显得比较冷漠，高情商拒绝则可以表现出你的理解和尊重，同时也保护了自己的利益。在拒绝的时候，最好能给对方一些帮助或者支持，让他感觉到你并不是故意为难他。

大休息日，同事让你帮忙代班或加班

办公室同事午休时找到你，说："这周六我加班，但家里有些事，我走不开。这周六你能不能替我加班，帮我个忙！"你该如何拒绝？

一般拒绝：

对不起，我周六也有安排，不能替你加班。

高情商拒绝：

我很理解你的情况，但是我周六也有一些重要的事情要处理，实在没有办法帮你加班。你能不能找一下其他同事，看看有没有人能够接替你的工作？如果实在没有人，你可以和领导沟通一下，看看能不能延期或者调整一下工作安排。我真的很抱歉，希望你能够理解。

拒绝同事的请求时，要先表达同理心和理解，然后说明自己的困难和无奈，最后给出一些建议或者解决方案，让对方感觉到你是在帮助他，而不是在拒绝他。

同事让你帮忙写一份工作汇报

同事下午对你说："下班前要交今天的工作汇报，但我下午手头还有很多事要忙，没时间写，你能帮我写一份汇报吗？拜托了！"你该如何拒绝？

一般拒绝：

对不起，我现在很忙，没有时间帮你写汇报。你可以找别人帮忙吗？

高情商拒绝：

谢谢你找我帮忙，我知道做汇报是一件很重要的工作。但是，我现在也有很多紧急的任务要完成，恐怕没有足够的时间和精力来帮你。或许你可以先自己尝试一下，如果有什么问题，我可以给你一些建议或指导。或者，你可以找其他擅长这方面的同事帮忙，我想他们会很乐意帮你的。

同事让你帮忙写汇报，需要考虑多方面的情况。如果你能帮忙，那么就尽力去做；如果你不能帮忙，那么就要礼貌而坦诚地拒绝，并给出合理的理由和建议。这样才能保持良好的工作关系和职业形象。

同事让你帮忙想创意或解决问题

策划部的小杨找到你，说："哥，你是咱们公司点子最多的人了。我策划了一个新项目，但总想不到创新点。你能不能提供一些创新的建议和好点子？"你该如何拒绝？

一般拒绝：

对不起，我现在很忙，没时间帮你想创意。你自己多花点时间，应该能想出来。

高情商拒绝：

感谢你对我的信任，我很荣幸能为你的项目提供一些想法。不过，我目前也有自己的工作要完成，而且我对你的项目不太了解，恐怕不能给你提供很好的建议。或许你可以找一些更熟悉这个领域的同事，他们可能会有更多的灵感和经验。

拒绝同事的请求时，不要太直截了当，这样会破坏同事之间的感情。也许以后你还需要他的帮助，到时候你就会发现自己陷入孤立无援之中。

同事希望你帮他把意见转达给领导

同事希望你帮他把意见转达给领导，他找到你，说："哥，你能不能帮我个忙？帮我和领导反映一下，他交给我的工作需要拓展的市场太多了。你能不能和他说说，让他多给我一些支持。这样，我也好开展工作啊！"你该如何拒绝？

一般拒绝：

我觉得这个事情你还是自己和领导沟通比较好，我不太方便帮你转达。

高情商拒绝：

我理解你的处境，但是这个事情涉及你和领导之间的信任和沟通，如果我帮你转达，可能会让领导觉得你不够主动和诚实。我建议你直接和领导沟通，把你的困难和需求表达清楚，相信领导会给你合理的回应和支持的。

同事让你帮忙传递信息或转达意见，可能是因为他们不敢或不愿意直接面对对方，或者想借用你的影响力来达到目的。这种情况下，一般直接拒绝的方式是直接表明自己的立场，不愿意或不方便代为说话。高情商拒绝的方式是先表达对同事的理解和同情，然后说明代为说话的弊端和风险，最后建议同事自己去沟通，并给予一些积极的鼓励和建议。

涉及自身，就该果断拒绝

同事加班，让你代接孩子

同事小林快下班前找到你，说："哥，我今天手里还有很多活儿没做完，可能需要加班了。你一会儿能不能帮我去接一下孩子？"你该如何拒绝？

一般拒绝：

我今天也很忙，手头上的活儿也很多，没有时间帮你接孩子，不好意思。

高情商拒绝：

你每天这么辛苦地上班，还要接孩子下学，确实很辛苦。但是小林，我今天手头上也有很多活儿，你也看到了。而且，我的车技水平你知道，你放心让孩子坐我的车吗？即便你放心，我也不放心哪。要不你联系一下家里其他亲戚，看有没有时间帮你接孩子。或者问问孩子同学家长，有没有顺路的，把孩子一起接上。下回你再帮她接孩子，这样礼尚往来的，以后都方便。

拒绝同事的私人请求虽然是理所应当的，但也不能说得理直气壮。这样会破坏你们之间的情谊。学会从对方角度考虑，帮对方想办法，让对方既看到你的难处，又感谢你为他想其他办法之情。

同事总让你帮忙评价或点赞他们的作品

同事李哥转发给你一条朋友圈，然后微信对你说："这是我刚写的文章，你看看写得怎么样。顺便帮哥点个赞，再写个评论。"面对这样的请求，你该如何拒绝？

一般拒绝：

不好意思，李哥。我上午工作挺忙的，没时间看你写的这篇文章。

高情商拒绝：

李哥又写新文章了呀。我很荣幸拜读您的作品，您写得真的很用心，用词也很专业。以我这点儿水平，哪儿有资格评论您的文章。您这么优秀的文章，应该找更专业的人士来探讨和写评论。

首先对同事保持礼貌和尊重的态度，同时要强调个人情况，使他明白你的难处。不能以太直接的方式回绝，每次都要想好策略，可以在保持良好关系的同时，避免不必要的麻烦和困扰。

同事让你分享或转发他们的链接

同事老王新录了一个短视频，是介绍中医养生知识的，他觉得这个视频很不错，对你说："帮我把这个视频转发到你的朋友圈，让更多的人了解中医知识。健康问题，每个人都应该关心。"你该如何拒绝？

一般拒绝：

我不太熟悉这个话题，不好意思，我不方便转发。

高情商拒绝：

老王，你真是太厉害了。能把中医养生知识讲解得这么透彻。我很佩服你的能力。你这个视频的内容很有价值，我相信很多人会感兴趣。但是，实在不好意思，你也知道，我基本不发朋友圈，即便是发，也是生活琐事，从来不分享与工作相关的内容。希望你能谅解。

拒绝同事这样的请求时，务必对他的辛勤付出给予极大的肯定。这样，虽然对方对你的拒绝会不高兴，但听到你的称赞，还是会高兴地不计较你的拒绝。

同事为你介绍相亲对象，但你并不感兴趣

同事李阿姨上午兴高采烈地和你说："小魏，你没对象吧？阿姨身边有一个很不错的姑娘。长得漂亮，性格开朗，而且工作不错。阿姨觉得你俩挺合适的，要不见见？"你该如何拒绝？

一般拒绝：

谢谢李阿姨的好意，但是我目前没有这个打算。

高情商拒绝：

李阿姨真是太好了，想着给我介绍对象。我很感激您对我的关心。但目前，我只想好好工作，多赚些钱，补贴家用。而且，这么优秀的姑娘，会找到更适合她的人，我就不耽误人家了。不过，还是要谢谢李阿姨，有这么优秀的姑娘，第一时间能想到我。

高情商的拒绝方式，是要让同事感觉到你不是拒绝他们，而是拒绝他们提出的事情。你要让他们知道你很在乎他们的感受，也很重视与他们的友情。这样，你既保护了自己的利益，又维护了同事之间的和谐。

周末你想休息，同事邀请你参加饭局

　　周五快下班时，同事陈哥走过来说："这周末咱们部门都来我家聚个餐吧。都好久没一起吃过饭了。咱同事间多联络联络感情。怎么样，有时间吗？"你该如何拒绝？

一般拒绝：

　　谢谢你的邀请，但是我周末有其他安排，不能参加了。

高情商拒绝：

　　真是太感谢你的邀请了，你们都是我很尊敬的同事，我很想和你们一起吃饭聊天。可惜这个周末我已经答应了家人去看望爷爷奶奶，不能改变计划。希望下次有机会再一起吃饭，到时候我一定会提前安排好时间。

　　这样的回答既表达了你的感激之情，又说明了你的原因，还表示了你的期待和诚意，不会让同事觉得你冷漠或者敷衍。

同事让你替他承担责任

你的同事小王在工作中犯了一个错误，导致客户投诉。他找到你，说："我现在有急事要走，你替我向领导解释一下。如果可以的话，能否承认这个错误是你犯的？以后我会报答你这次帮我的恩情。"你该如何拒绝？

一般拒绝：

小王，我明白你有急事，但是这个问题是你造成的，你应该自己去解决。我不能替你承认错误，这对我不公平。

高情商拒绝：

小王，我知道你现在很着急，也很难面对领导和客户。但是这个问题不是不能解决，你只要诚恳地道歉，并提出改进措施，我相信领导和客户都会理解你的。如果你需要我的帮助，我可以陪你一起去找领导，但是我不能替你承担责任，因为这样对我们都不好。

同事让你替他承担责任时，你应该坚决拒绝，但是要注意方式。一般直接拒绝可能会伤害同事的自尊心，导致关系恶化。高情商拒绝则可以体现出你的同理心和合作精神，同时保护自己的利益和声誉。

同事因为私事请假，让你帮忙说谎

同事因为私事需要请假一天，但是没有请假条，他打电话给你，说："麻烦你帮我和领导说一声，就说我今天生病了，没办法来上班了。"你该如何拒绝？

一般拒绝：

我不敢，万一领导发现我帮你撒谎，以后我怎么面对领导？

高情商拒绝：

你要不要想一个更合理的理由？若是你这个谎言被领导发现，以后你再想请假，或者做其他事情，你说的话领导都会产生疑问。你不要为了这一点儿小事，让领导对你失去信任。你不过就是忘了写请假条，哪怕算旷工一天，只是损失一天的工资，也总比领导不信任你要强吧，你说呢？

同事让你帮忙说谎，是一个考验你职场智慧和人际关系的问题。一般来说，拒绝的原则是：坚持自己的立场，不要违背自己的良心；尊重对方的选择，不要指责或嘲笑对方；保持礼貌和友好，不要伤害或冒犯对方；寻找双赢的解决方案，不要让对方陷入困境或尴尬。

同事让你帮忙保守秘密或隐瞒事实

同事让你帮忙保守秘密或隐瞒事实，是一种很常见的职场困境。如何拒绝这样的请求，需要考虑多方面的因素，比如道德、法律、利益、情感等。一般来说，拒绝的原则是要坚定、明确、礼貌、尊重。一般的拒绝方式可能会比较直接，甚至会引起冲突，高情商的拒绝方式则会比较委婉和圆滑。无论采用哪种方式，都要注意保护自己的利益和声誉，同时尽量维护同事之间的良好关系。

同事小王上午悄悄走到你身边，低声说："我最近在外面另找了一份工作，所以最近需要请假，你帮我打掩护。这件事我不想让老板和其他同事知道，所以请你帮我保密，不要泄露出去。这样对你也有好处，我走了以后，你就可以接手我的项目和客户，提高你的业绩和收入。"你该如何拒绝？

一般拒绝：

对不起，我不能答应你。这是你自己的选择，你应该自己承担后果，不要把我牵扯进去。我不想因为这件事而失去老板和其他同事的信任和尊重。

高情商拒绝：

我理解你的处境，也感谢你对我的信任和看重。但是我觉得这件事还是应该由你自己决定和处理，因为这关系到你的职业规划和发展。如果我帮你保密或隐瞒事实，可能会给我们两个都带来麻烦和风险。我希望我们能够保持诚实和透明的工作关系，这样才能互相支持和合作。

>> **面对公司的利益，**
无论同事如何请求都要拒绝

同事让你评价其他同事

你的同事小李想要升职，但是他的工作能力不足，他找到你，对你说："我的竞争对手小王在领导那边的印象比我好，你能不能帮我一把，说小王实际工作能力不强，只会抢同事的功劳。这样，领导就会觉得我能力出众。你放心，我要是升职了，肯定忘不了你帮我的恩情。"你该如何拒绝？

一般拒绝：

我不会帮你评价其他同事的。这样我以后还怎么做人，你的事情你自己解决。

高情商拒绝：

我非常理解你对这次升职的看重，但不能因为心急就出这样的主意，这样做的话会适得其反。而且我这样的直性子，哪儿会做诋毁人的事儿，领导一看就知道是谁授意的。你不如好好提升自己的能力，领导肯定会根据每个人的实际表现来评价。放心，你有很多优势是对方比不了的，否则也不可能把你列在提升名单中了，要对自己有信心，我相信你。

当同事让你帮忙评价其他同事时，你应该坚决拒绝，坚持自己的原则和道德。你可以用直接或委婉的方式表达你的立场，也可以给对方一些正面的建议和提醒。这样既可以保护自己和其他同事的利益，也可以避免和对方产生不必要的冲突。

同事让你泄露公司的机密

你的同事小李找你，说："我想要看一下你负责的项目的报告，我对你的项目很感兴趣，也想学习一下。"你知道这个报告涉及公司的机密，不应该随便给别人看，但你又不想得罪小李，该怎么拒绝？

一般拒绝：

对不起，小李，这个报告是公司的机密，我不能给你看，我也没有权限分享给你。这是公司的规定，我必须遵守。

高情商拒绝：

小李，我很高兴你对我负责的项目感兴趣，也很欣赏你想要学习的态度。但是这个报告涉及公司的机密，我不能给你看。这不是我不信任你，而是因为我签了保密协议，如果泄露了公司的机密，会对公司和我自己造成损失。我希望你能理解我的处境。如果你想了解更多关于这个项目的内容，我可以跟你分享一些公开的资料或者跟你讨论一些相关的话题。

当同事让你帮忙泄露公司的机密时，你应该坚决拒绝，并且保持专业和礼貌的态度。你可以直接说明原因，也可以委婉地表达自己的立场。同时，你也可以给同事提供一些其他的帮助或建议，以表达自己的诚意和友好。

同事让你帮忙违反公司的规定

你的同事找到你，说："我这个月的业绩没有达标，你能不能帮我修改一些销售数据，如果被领导知道我业绩不达标，我就会被辞退。"这明显违反了公司的规定。你该如何拒绝？

一般拒绝：

不好意思，我没办法帮你修改数据。这不仅会给我带来风险，也会给公司带来风险。虽然我很同情你，但我不能违背原则。

高情商拒绝：

你已经表现得很好了，你的努力是大家有目共睹的。我很理解你的压力，但是我觉得这样做对我们都不好，因为如果被发现，我们可能会失去工作，甚至承担法律责任。我不想让你陷入麻烦，也不想让自己失去信誉。我希望你能理解我的立场。或许我们可以找一下领导或同事，看看有没有其他的解决办法。

拒绝同事让你违反公司规定的请求时，要坚定而礼貌，表达自己的原则和立场。同时尽量减少对方的负面情绪，给予一定的理解和支持。

>> **有时，领导也需要拒绝**

上司让你去和客户对接工作，你并不想去

有一个客户脾气很大，十分不好沟通。但领导很重视这个客户，对你说："这是重要客户，不能得罪。"你不想与这个客户对接，该如何拒绝领导？

一般拒绝：

我不喜欢这个客户，我也不想和这样的人对接工作。您找其他人吧。

高情商拒绝：

非常感谢您对我的信任。但是，我手头上有一些其他重要的工作要处理。我可以提供一些相关的信息，协助其他同事完成这个项目。

身在职场，上司总会对我们提出各种要求，合理的要求，我们当然要听取；但是对于不合理的要求，就要敢于有勇气、有技巧地说"不"，而不是选择默默承受，让自己陷入痛苦之中。

把领导不合理的要求化解于无形

公司接了一本杂志，全体员工开会讨论如何提高发行量。老总对你说："下周末组织你们策划部的人上街卖杂志，还要动员员工家属购买，打五折。"你该如何拒绝？

一般拒绝：

哪有这样硬性摊派的，这样的任务没办法完成。而且，为什么家属要购买？买这些杂志有什么用？

高情商拒绝：

先不接话。过几天，拿出一份详尽的计划书，计划书中罗列出上街摆地摊卖杂志的准备事项以及所需的大笔经费。找到老总说："要做就要做好，因此，我周末加班赶制了这份计划书。老总，您看一下，这是让这本杂志畅销所要准备的事项，还有经费。"当老总看了这么大费周章的计划书和大额的经费，便会望而却步。

对于老总的一些不合理要求，有时我们不必当场拒绝，不妨暂时先忍耐，然后迂回拒绝。就像案例中，通过详细的数据，分析了老总不合理要求所带来的困难，让老总自己望而却步，从而达到拒绝的效果。

领导总在临下班前给你安排任务

下班前，领导突然和你说："我这里有个着急的项目，需要做个 PPT，你加班做一下。"你该如何拒绝？

一般拒绝：

我家离得远，走得太晚没有车，我没办法加班。

高情商拒绝：

抱歉，领导，我明白您的难处，但是我今天已经完成了很多工作，身体和精神都很疲惫，如果再加班做 PPT，恐怕效果不会很好。能不能请您明天早上再给我这个任务？我可以早点来公司，保证在截止日期之前完成。

高情商的拒绝方法，考虑了领导的感受和需求，同时也表达了自己的立场和诉求。避免了直接否定或反驳领导的要求，而是用礼貌、合理、建设性的语言进行沟通。这样既能保护自己的权益和尊严，又能维护与领导的关系，还不会失去领导的信任。

你的同事离职，领导把他的工作安排给你

你的一个同事离职了，领导和你说，想把离职同事的工作任务分配给你，你该如何拒绝？

一般拒绝：

我已经很忙了，没有时间和精力接受更多的工作任务。

高情商拒绝：

领导，非常感谢您对我的信任和肯定，我很荣幸能够得到这个机会。我对这个新任务很感兴趣，也愿意为团队做出更多的贡献。但是我想跟您汇报一下我目前的工作状况和计划。我现在正在负责几个重要的项目，都有比较紧迫的进度和要求。如果我再接受新任务，可能无法保证原来项目的质量和效率，也可能影响新任务的完成。我希望您能够理解我的困难和顾虑。

高情商的拒绝方式既体现了你对领导的尊重和诚恳，又能保护自己的合理权益，还能给领导留下一个积极协作的印象。

领导交给你一项无法完成的任务

领导交给你一项无法完成的任务，说："小李，我看好你呀。你好好把握这个项目，做好了以后给你升职加薪。"但这个任务你无法完成，该如何拒绝？

一般拒绝：

这个任务怎么可能完成。您这哪儿是给我升职加薪的机会，您这是想找借口让我趁早离职吧！

高情商拒绝：

感谢您的赏识，您是一个很优秀的领导，这个项目很有挑战，但是我觉得我还有很多需要学习和提升的地方，我怕达不到您的期望，真的很抱歉。如果有机会，我很乐意和您一起学习和进步。

高情商拒绝方式，可以让对方知道你的拒绝不是因为你不尊重或者不信任他，而是因为你对自己有清醒的认识和评估。同时也表达出你的感激和敬佩，可以减少对方的不满和失望，也可以维持你们的良好关系。

第二章

管理篇

委婉拒绝员工的一些请求

工作任务繁重时，员工向你请假

小王是销售部门的员工，他的工作任务是每个月要完成一定的销售额。这个月快要结束了，但是他还没有达到目标，今天，他对你说："我妻子生日就在这个月的最后一天，到时候想请假一天，陪妻子过生日。"你该如何拒绝？

一般拒绝：

你这个月的销售额还没完成，你还想请假？你不觉得这是对工作不负责吗？

高情商拒绝：

小王，我知道你是一个好丈夫。但是你也知道，这个月的工作任务很重，你还没有达到目标，而且有很多客户需要跟进。如果你请假，不仅会影响你的业绩，还会影响公司的利益，甚至会失去一些客户。你觉得这样值得吗？你能不能跟你的妻子沟通一下，看看能不能改变一下庆祝的方式或者时间？我相信你的妻子会理解你的工作，也会感受到你的爱。你觉得怎么样？

一般的拒绝方式是以自己的立场为出发点，只考虑工作的重要性，忽视了员工的感受，甚至指责员工，让员工感到不被尊重、不被理解、不被支持，从而导致员工的不满、不信任、不合作，甚至反抗。高情商的拒绝方式是以员工的立场为出发点，既考虑了工作的重要性，也考虑了员工的感受，肯定和赞赏员工的优点，理解和关心员工的需求，提出供员工参考的解决方案，让员工感到被尊重、被理解、被支持，从而增强员工的满意、信任、合作，甚至忠诚。

员工想申请换班，但工作不能随便替换

小王是你的下属，有一天，他找到你说："经理，我明天家里有些事，想和小李换个班，您看行不行？"你知道小李已经连续工作了好几天，身体很疲惫，而且小王的工作内容和小李不一样，不能随便替换。你该如何拒绝小王的申请呢？

一般拒绝：

小王，我知道你家里有事，但是我不能同意你和小李换班。小李已经连续工作了好几天，他需要休息。而且你们的工作内容不一样，不能随便替换。你还是按照原计划上班吧。

高情商拒绝：

小王，我知道你家里有事，我很关心你的情况，但是我不能同意你和小李换班。小李已经连续工作了好几天，他需要休息。而且你们的工作内容不一样，不能随便替换。这会影响我们的工作效率和质量。如果你家里有紧急情况，你可以请假，我会尽量安排其他人顶替你。

工作中会经常遇到员工申请换班的情况，在拒绝时要表达对员工的理解和关心，避免伤害员工的自尊心和情感。同时还要告诉他们为什么无法同意换班。从员工的角度设身处地着想，这样才不会因为拒绝而引起他们的怨恨。

实习生提出转正申请，但你觉得还需观察

小李是你的实习生，实习期刚过一个月，他找到你，希望能够转正。你觉得他的工作表现还不够好，需要再考察一段时间，该如何拒绝？

一般拒绝：

小李，我觉得你目前的工作水平还没有达到我们的要求，你还需要在某些方面提高自己。所以，我暂时不能同意你的转正申请，希望你能理解。

高情商拒绝：

小李，我收到了你的转正申请，我很欣赏你对我们团队的付出和努力。我也看到了你这一个月里的进步和成长，你在某些方面已经达到了我们的要求。但是，我也希望你能在其他方面再提升自己，这样才能更好地适应我们的工作环境和要求。所以，我建议你再给自己一些时间，再多展示一些你的优势和潜力，我相信你有能力做到。当然，我也会给你更多的指导和支持，帮助你提升。如果你有什么问题或困难，随时可以找我沟通。我期待看到你更优秀的一面。

拒绝实习生转正申请时，要先表达对实习生的认可和感谢，肯定他们的优点和贡献；再说明拒绝的原因和依据，指出他们需要改进的方面和方法；接着给予实习生希望和信心，鼓励他们继续努力和学习；最后给实习生提供帮助和支持，建立良好的沟通和信任。

员工想申请调岗，但专业能力不适合新岗位

小张是财务部门的员工，他的工作是负责公司的账务和报表。他对财务工作感到厌倦，想要换一个更有创意和挑战的工作。他对你说："领导，我想申请调岗，想去市场部门，做一些市场策划和推广的工作。"你该如何拒绝？

一般拒绝：

你为什么想去市场部门？你有相关专业知识和经验吗？你知道市场部门的工作有多难吗？你以为市场部门就是玩玩创意，做做广告，就能赚钱吗？你不要想得太简单，你在这方面的能力有所欠缺。你还是老老实实地做你的财务工作吧。

高情商拒绝：

小张，我知道你对财务工作感到厌倦，想要换一个更有创意和挑战的工作。我很欣赏你的进取心，你是一个有潜力的员工。但是你也要知道，市场部门的工作和财务部门的工作是完全不同的，需要不同的专业知识和经验。市场部门的工作不仅需

拒绝员工调岗要以员工的立场为出发点，既考虑了员工的专业能力是否适合新岗位，也考虑了员工的职业发展和职业满意，肯定和赞赏员工的优点，理解和关心员工的需求，提出供员工参考的解决方案。

要创意，还需要分析、调研、沟通、协调、执行、评估等等。你有没有学习过市场的相关知识？你有没有参与过市场的相关项目？你有没有了解过市场的相关情况？如果没有这些准备，你可能很难适应市场部门的工作，甚至会影响你的职业发展。你不妨先考虑一下，为什么想去市场部门？你想从市场部门得到什么？你能为市场部门贡献什么？你可以先做一些自我分析和自我评估，然后再做一个合理的调岗计划，包括你的目标、动机、优势、劣势、需求、策略等等。我可以帮你找一些市场的相关资料和案例，让你更好地了解市场的工作。你觉得怎么样？

员工觉得对公司有贡献，申请升职

张三是一名优秀的销售员，他在过去的一年里为公司带来了不少客户和收入，他认为自己应该得到晋升的机会，于是找到你说："领导，我这一年的业绩大家都是有目共睹的，我想我适合更高的位置。如果给我升职，我一定会更加努力，带领团队取得更好的业绩。"你该如何拒绝？

一般拒绝：

公司目前没有空缺的职位，没办法给你晋升。

高情商拒绝：

你的工作能力大家都认可，我也看到了你的业绩，确实很突出。公司一直把你作为储备干部在培养，很重视你的发展潜力。但是，公司的晋升制度你也了解，不能因为你一个人而打破。这并非针对你个人，而是基于公平、合理的考虑。你继续努力，等下一次评选晋升岗位时，肯定会优先考虑你。

拒绝员工的升职申请是一件很棘手的事情，需要注意措辞和态度，避免伤害员工的自尊心和积极性。一般来说，拒绝时要明确原因，感谢贡献，提醒制度，建议努力。高情商领导则要肯定成绩，表达关心，解释政策，询问期望，给予指导，鼓励信心。

员工因为加班费，没必要加班时申请加班

员工小李因为想要加班费，临下班时和你说："领导，我今天加班吧。有点儿工作还没弄完。"你知道他的工作并没有加班的必要，而且加班会影响他的身体健康和工作效率，该如何拒绝？

一般拒绝：

不行，你今天没有加班的必要，我们已经完成了所有的任务，你可以按时下班。

高情商拒绝：

你今天做得很好，我很欣赏你的工作态度，但是你今天没有加班的必要，我们已经完成了所有的任务，你可以按时下班，好好休息一下。我理解你的困难，但是加班费是为了补偿员工因为工作需要而牺牲的个人时间，不是为了满足员工的个人需求。你如果想多赚钱，我可以给你一些建议，比如如何提高你的工作效率和质量，如何节省开支，如何投资理财，等等。你有兴趣吗？

拒绝时要注意表扬员工的优点，关心员工的困境，为员工提供解决方案，让员工感受到尊重和关怀，从而减少员工的不满和抱怨。

员工要求特定福利，但公司政策不支持

刘阿姨是公司的老员工了。有一天，她突然向你提出："经理，我们这些年纪大的员工，能不能申请每个月一次的免费健康检查？"你该如何拒绝？

一般拒绝：

刘阿姨，这我也没办法。公司政策就是每年体检一次。我不能擅自修改政策。

高情商拒绝：

对不起，刘阿姨，我不能同意你的要求。公司规定，每年只提供一次的免费健康检查。这是为了保证所有员工都能享受到公平和合理的福利。公司政策是经过深思熟虑和广泛征求意见制定的，我们不能为个别员工做特殊安排。我希望您能理解和尊重公司的决定。不过，我可以给您一些健康相关的培训或资料，或者你可以参加一些健康促进的活动。我希望这些能对你有所帮助。

在拒绝时，你可以首先坦诚地告知员工公司政策不支持他们的要求，无法满足他们的期望；接着解释公司制定政策的原因和目的，以及为什么不能为个别员工做特殊安排；然后表达对员工的关心和支持，探讨其他可能的解决方案；最后感谢员工对公司的贡献和忠诚，让他们理解和尊重公司的规定。

员工采购电脑，但报价和配置不匹配

小张主动向你提出要去采购一批电脑，给你看了一份报价单，上面写着每台电脑的价格和配置。你发现价格很高，而配置很低，明显不合理。你怀疑小王是想帮他朋友赚钱，或者自己从中拿回扣。你该如何拒绝？

一般拒绝：

小张，谢谢你的热心，但是我看了一下这份报价单，我觉得价格太高了，而且配置不符合我们的需求。我们已经有了其他的采购渠道，所以不需要你去买电脑了。请你专心做自己的工作吧。

高情商拒绝：

小张，我很感谢你为公司考虑，主动提出要去采购一批电脑。我知道你是想帮助公司节省成本，也想帮助你的朋友做生意。但是我看了一下这份报价单，发现价格和配置有些不匹配。我们公司有一个固定的采购流程和标准，我们不能随意更改。所以我不能同意你的提议，希望你能理解。如果你有其他的建议或想法，欢迎随时跟我沟通。

直接拒绝可能会伤害员工的感情和积极性；委婉拒绝，可以保持员工的尊严和信任，不会让员工心存芥蒂。

在公司工作了几年的员工，提出加薪

张先生是你的老员工，他在公司工作了五年，一直表现不错，但最近业绩有所下滑。他找你谈话，说："领导，最近我的生活开支增加了。我觉得这几年我跟着您，没有功劳也有苦劳，能否加薪呢？"你该如何拒绝？

一般拒绝：

公司目前没有加薪的计划，而且你的业绩不符合加薪的标准。以后再说吧。

高情商拒绝：

我知道你这些年很辛苦，我也有给你升职加薪的打算。但是毕竟你们部门主管还没有加薪，所以，现在给你涨薪势必会影响整个公司的架构，让公司内部出现各种矛盾，我想这也是你不愿意看到的。过一段时间，你们主管将会进行职务调整，如果你竞聘成功，那么升职加薪自然水到渠成，你看可以吗？希望你能理解。

拒绝老员工加薪的时候，要注意沟通的方式和技巧，避免伤害对方的自尊心和积极性。要用正面和积极的语言来表达自己的观点和态度，同时给对方一些鼓励和指导，让他感到有希望和价值。

员工申请项目奖金，但目前还无法发放

小李在完成了一个重要的项目后，找到你说："经理，这个项目的奖金这个月能否发放呢？"你知道这个项目的奖金标准不清晰，而且公司的财务状况不好，你该如何拒绝他的申请呢？

一般拒绝：

这个项目的奖金标准还没有制定，所以目前无法给你发放奖金，希望你能理解公司的难处，继续努力工作。

高情商拒绝：

小李，我对你在这个项目中所做的工作非常赞赏和感激，你展现了很高的专业水平和责任感，为项目的成功做出了很大的贡献。我很高兴在团队里有你这样的员工。但是，我也要跟你坦白地说，这个项目的奖金标准还没有最终确定，目前还在上级领导和相关部门之间进行协商和讨论。所以，我现在无法给你发放奖金，但我会尽最大的努力帮你争取应得的奖励，但同时也希望你不要因为这件事而影响你的工作状态和心情。

拒绝员工申请项目奖金时，先肯定员工的表现和价值，表达感谢和赞扬；再说明拒绝的原因和事实，避免含糊其词；最后表达自己的遗憾和歉意，表示争取和支持。注意语气要诚恳尊重，避免伤害员工的自尊心和信任感。

员工想借公车去办私事

小王找到你说："领导，我想借一下咱们公司的车。我女朋友从外地来看我，我想去机场接她。"你该如何拒绝？

一般拒绝：

不行，公司的车是用来工作的，不能做私人用途，没办法借给你，你自己想其他办法。

高情商拒绝：

小王，你的女朋友从外地来看你，真是太好了，你一定很开心吧。我能理解你想给她一个好的印象，让她感受到你的爱和关怀。但是，公司的车是专门用来工作的，不能做私人用途，这是公司的规定，我也没有办法改变。如果我把车借给你，可能会影响其他同事的工作，也会给公司带来风险。所以，很抱歉，我不能把车借给你。不过，你可以考虑用其他的方式去接她，比如打车、坐公交等等。或者你可以让她自己坐地铁来公司找你，这样也可以节省时间和费用。希望你能理解我的处境，也祝福你和你的女朋友幸福快乐。

拒绝员工借用公司的车时，先表达同理心和关心，让员工感受到你不是故意为难他。接着委婉地拒绝，说明理由和后果，让员工知道你也没有办法。最重要的是保持礼貌和尊重，让员工感受到你的诚意和善意。

员工提出想参加公司的培训计划

员工小王想参加一个为期三个月的外派培训，该培训由公司的合作伙伴提供，涉及最新的技术和管理知识。小王认为这个培训对他的职业发展有很大的帮助，而且能为公司创造更多的价值。他找到你，说："领导，我想申请参加这个培训，希望您能批准。"你该如何拒绝？

一般拒绝：

小王，我看了你的申请，我觉得你不适合参加这个培训。这个培训的名额很有限，我们只能推荐最优秀的员工参加。你的工作表现不够好，还有很多需要改进的地方。而且，你去参加培训，谁来接手你的工作呢？你想过没有，你的工作对公司的运营有多重要？你这样就是不负责任，只考虑自己的利益，不考虑公司的利益。所以，我不能同意你的申请，你还是好好做好你的本职工作吧。

高情商拒绝：

小王，我收到了你的申请，我很高兴你对这个培训感兴趣。这个培训确实是一个很好的学习机

拒绝员工参加公司的培训计划时，要用正面的语言，表达对员工的赞赏和鼓励，让员工感受到被认可和尊重。用客观的理由，解释拒绝的原因，让员工理解决定的合理性和必要性。

会，能够提升你的技术和管理能力，也能为公司带来更大的竞争优势。我非常赞赏你的积极性和进取心，你是一个很有潜力的员工，我也很看好你的职业发展。但是，我很遗憾地告诉你，我不能同意你的申请。原因有两个：一是这个培训的名额有限，我只能推荐最符合条件的员工参加。这个培训的目的是培养公司的中高层领导，所以它的要求很高，不仅需要有一定的工作经验和业绩，还需要有一定的领导力和团队协作能力。我觉得你现在还需要在某些方面多加努力。二是你去参加了培训，你的工作就需要有人来接替。你的工作是公司的核心业务之一，你的工作质量和效率都很高，你的客户和同事都很信赖你。你的工作如果无人代替，不仅会影响公司的运营，还会影响你的客户和同事的满意度。所以，我觉得你现在去参加这个培训，不是一个合适的时机。我希望你能理解我的决定，也希望你能继续保持你的热情和积极性，做好你的本职工作，同时也不要放弃学习的机会，你可以通过其他的方式来提升自己的知识和技能，比如参加公司内部的培训，或者自学一些相关的课程。我相信你有能力，也有机会，成为一个优秀的员工，也成为一个优秀的领导。如果你有任何的问题或者困难，你可以随时找我沟通，我会尽力帮助你。

员工申请出差计划，但这个计划不明确

员工小王向你申请出差计划，说："领导，我想去外地参加一个培训项目。"但他没有提供具体的培训内容、时间、地点和费用等信息。你该如何拒绝？

一般拒绝：

我不同意你的出差计划，你没有提供培训项目的具体信息，我无法评估这个培训项目的价值和必要性。

高情商拒绝：

很高兴看到你想要提升自己的能力和水平。但你没有提供培训项目的具体信息，比如培训的目标、内容、方式、时长、地点和费用等，以及你参加培训后能够给团队带来什么好处。这些信息对公司做出决策是非常重要的，请你尽快补充完整并重新提交出差计划。不过，你的劲头不错，要继续保持学习的热情和态度，我期待看到你的成长和进步。

拒绝员工的出差计划时，要给员工正面的反馈和认可，然后提出合理的要求和期待，最后给员工积极的激励和支持。这样可以增强员工的归属感和自我效能感，促进他们的成长和发展。

>> 高情商的拒绝，
让员工不灰心

员工申请的项目方案不符合客户需求

小辉找到你说："经理，针对客户 B 的需求，我写了一个项目方案，您看一下是否可行。"你看完后，发现该方案与客户 B 的需求不一致，甚至有些冲突。你该如何拒绝小辉的方案？

一般拒绝：

小辉，你的方案不行，因为它与客户 B 的需求不匹配。拿回去重新写。

高情商拒绝：

小辉，感谢你为这个项目付出的时间和精力，我看到了你的创造力和热情。不过，我认为你的方案还需要进一步完善，因为它与客户 B 的需求不太一致。例如，你的方案中提到了 ×× 功能，但是客户 B 并没有要求 ×× 功能，如果添加 ×× 功能反而会增加他们的成本和风险。我建议你再仔细阅读一下客户 B 的需求文档，并参考一些成功的案例或最佳实践。如果你有任何疑问或困难，可以随时找我或其他同事沟通和协作。我相信你能够再次提出一个更符合客户 B 需求的方案。

拒绝员工的项目方案时，要有明确和合理的理由，不能随意或主观地拒绝。要给出具体和有效的反馈，不能模糊或笼统地拒绝。要保持尊重和礼貌的态度，不能冷漠或粗鲁地拒绝。要表达支持和信任的情感，不能消极或负面地拒绝。

员工向你推荐的人才不符合公司要求

你是一个部门经理，阿伟找到你说："经理，我有一个朋友最近在找工作，我觉得他挺适合咱们部门的。这是他的简历，您看看能不能给他一个面试的机会。"你看了这个人的简历，发现他的专业和工作经验都不符合你们的岗位要求。你该如何拒绝阿伟的推荐呢？

一般拒绝：

我看了你朋友的简历，不行，不符合我要招的岗位要求，不用浪费时间面试了。

高情商拒绝：

谢谢你给我推荐了这位候选人，我很高兴看到你对我们部门的发展充满热情。我也很欣赏你愿意帮助你的朋友找到合适的工作。不过，我看了你朋友的简历，发现他的专业和工作经验都不太符合我们的岗位要求，所以我不能给他安排面试。请你理解我的决定，也请你向你的朋友转达我的歉意。同时，我也希望你继续关注我们部门的招聘信息，如果有合适的人才，欢迎随时向我推荐。

拒绝员工推荐人才时，先表达感谢和肯定，让员工知道你重视他的推荐。再说明拒绝的理由，让员工明白你是按照公平和专业的标准做出决定的。还需表达歉意和理解，让员工感受到你对他和他朋友的尊重。最后给予鼓励和期待，让员工保持积极和主动的态度。

员工向你反馈的内容没有建设性

你是一个项目经理，你正在负责一个重要的项目，你的团队成员阿华给你提出了一个反馈，说："经理，我认为项目的进度太快，需要放慢一些，否则会影响质量。"你觉得这个反馈没有建设性，因为项目的进度是由客户和上级决定的，你没有权力去改变，而且你认为团队的能力是足够的，只是需要更加努力一些。你该如何拒绝他的反馈呢？

一般拒绝：

你的反馈没有意义，项目的进度是不能改变的，你应该适应这个节奏，而不是抱怨。

高情商拒绝：

很感谢你提出的宝贵意见，我理解你的担忧，但是项目的进度是由客户和上级决定的，我没有权力去改变，但是我会尽力争取更多的资源和支持，帮助团队完成任务。你的观察很细微，继续努力。如果你还发现有其他问题，随时向我汇报。

拒绝员工反馈时，不要直接否定或忽视员工的反馈，要表达感谢和理解，避免伤害员工的自尊心和积极性。不能用命令或责备的语气，要用解释或建议的语气，避免引起员工的反感和抵触。

优秀员工突然向你递交离职申请

员工张伟向你递交了离职申请，说："我想要换个工作环境。"你作为他的直属领导，不想失去这样一个优秀的员工，该如何拒绝他的申请呢？

一般拒绝：

不行，我不同意。你是公司的骨干力量，公司离不开你的专业和经验，希望你能够忠诚于公司，不要被外界的诱惑所动摇。

高情商拒绝：

张伟，我收到了你的离职申请，我很惊讶也很遗憾。你是我们团队中优秀的员工之一，你为公司做出了很多贡献，我非常感谢你。我明白你想要换个工作环境，可能是因为你觉得这里没有什么挑战和发展空间了，或者是因为你有其他的职业规划。我完全理解你的想法，每个人都有自己的选择和追求。但是我想告诉你，其实我们公司还有很多机会和空间等着你，你在这里还有很多可以学习和成长的地方。

拒绝员工离职申请时，要表达尊重和感激，询问离职原因，表达理解和同情；提供新的机会和挑战，表达认可和信任，给予压力和时间；最后，表达关心和支持。

第四章

女性篇

>>> **对陌生异性的邀约要置之不理**

陌生人在街上搭讪，想和你交换微信

你在街上走着，突然有一个陌生男子拦住你，说："你好，我觉得你很漂亮，可以加个微信吗？"你该如何拒绝？

一般拒绝：

走开，我不认识你，也不想认识你，请不要打扰我。

高情商拒绝：

谢谢你的赞美，但是我已经有男朋友了，他很爱我，也很在乎我。我不想让他误会，所以请不要再找我了。

在遇到陌生男子搭讪时，我们应该坚决拒绝，保护自己的隐私和安全，且任何时候，我们都应该保持警惕和自信，不要被陌生人的花言巧语所迷惑。

不熟悉的男性朋友约你去偏远的饭店吃饭

你在一次工作会议上认识了小李，一个不是很熟悉的男性朋友。小李对你有好感，想要进一步发展关系，于是给你发微信，说："我知道郊区有一家特别有情调的西餐厅，想邀请你一起去品尝，可以吗？"你对小李没有兴趣，也觉得这个邀请不合适，该如何拒绝？

一般拒绝：
谢谢你的邀请，但是我不想去。

高情商拒绝：
谢谢你的邀请，我很荣幸。不过我今天有点儿累，想早点回家休息。而且我对那个饭店不太熟悉，感觉有点儿偏远。如果你不介意的话，我们可以换个时间或者地点再聚。

拒绝不熟悉的男性朋友的邀请，要根据自己的情况和对方的反应，选择合适的方式，既要保护自己的利益和安全，又要尽量避免伤害对方的感情。

不太熟的男生邀请你一起去旅游

一位没见过几面的男生突然给你打电话，说："我想邀请你一起去海南岛旅游，那里的风景很美，很浪漫，你说好不好？"你该如何拒绝？

一般拒绝：

不好意思，我不想和你一起去旅游，我觉得我们不太熟，我不想和你单独出去。

高情商拒绝：

我很感谢你对我的好意，但是我觉得我们还不太熟悉，一起去旅游可能会有些尴尬。而且我现在有些工作要处理，没有时间和精力去旅游。所以请原谅我不能接受你的邀请。

拒绝时坚定地说出自己的决定，不要犹豫或者含糊。如果可能，给对方一个替代的建议或者安慰，表达自己的友好和关心。

闺密的热情，
有时需要冷漠拒绝

闺密向你推销减肥餐，而你并不想减肥

闺密小红向你推销减肥餐，说："这个减肥餐很有效，可以让你瘦下来，你试试。"但你并不想减肥，该如何拒绝？

一般拒绝：

谢谢你的好意，但是我不想减肥，我觉得自己现在的体重很合适，我不需要吃减肥餐。

高情商拒绝：

小红，你真是个好朋友，总是想着帮我。我知道你是为了我的健康和美丽着想，但是我觉得每个人都有自己的美丽标准，我对自己现在的身材很满意，也没有什么健康问题。所以，我不想吃减肥餐，也不想改变自己。

拒绝闺密推销减肥餐的时候，要注意保持友好和尊重的态度，表达自己的想法和感受，请求对方的理解和尊重，避免伤害对方的感情或引起争执。

闺密非把她觉得不错的男生介绍给你

有一晚，闺密突然来到你家，对你说："我们公司新来了一个男生，很帅气也有才。我问了，没有女朋友。你要不要见见他？"你该如何拒绝？

一般拒绝：

不好意思，我不想认识你介绍的男生，我现在不想谈恋爱，我想专心工作。

高情商拒绝：

你真是太好了，能为我着想，帮我介绍男生，我很感动。不过，我要告诉你一个秘密，其实我已经有了心仪的对象，我们正在相处中，所以我不能接受你的好意。你不要生气，我们还是好闺密，以后有什么事情还要互相帮忙。

拒绝闺密介绍男生的时候，要注意表达感激之情，让闺密知道你理解她的用心。坦诚说明自己的情况和想法，让闺密知道你有自己的主张和判断。避免伤害闺密的自尊心，让闺密知道你还是重视跟她的友谊的。

闺密邀请你去酒吧，但你不喜欢这种地方

闺密小白打电话给你，说："今晚有个很棒的酒吧活动，晚上你也来呀！到时候会有很多帅哥美女。"你该如何拒绝？

一般拒绝：

不好意思，我不想去酒吧，我觉得那里太吵太乱，我不喜欢那种地方。

高情商拒绝：

你真是个热爱生活的人，我很佩服你。但是我对酒吧没有什么兴趣，我觉得那里不适合我。我更愿意和你在其他地方见面，比如去公园散步或者去逛书店。

拒绝时要说明自己的理由和喜好，不要说谎或编造借口。否则当谎言被戳穿后，你将会失去这个朋友。

闺密是个代购，经常让你买化妆品

你的闺密是一个代购，她经常在微信上发一些化妆品的广告，有一天，她微信和你说：“我现在主要代购韩国化妆品，你从我这儿买化妆品吧，价格很优惠。”你对化妆品不太感兴趣，也不想花钱买她的东西，但又不想伤害她的感情，你该如何拒绝？

一般拒绝：

谢谢你的好意，但是我不太用化妆品，所以我不需要。

高情商拒绝：

你做代购真是太厉害了，你是怎么找到这么多好货的呢？我觉得你应该开个专业的化妆品店。其实我平时很少化妆，也没有什么特别需要的产品。对了，最近有什么好看的电影吗？我们一起去看吧。

拒绝朋友的代购要求时，要注意保持礼貌和尊重，避免伤害对方的自尊心和感情。可以直接表达自己的需求和喜好，也可以用赞美或转移话题的方式来缓和气氛。要坚持自己的立场，不要被对方的软磨硬泡或者利诱所动摇。

闺密想让你当伴娘，但当地婚闹严重

你的闺密下个月结婚，希望你给她当伴娘，但是你知道她老家婚闹很过分，伴娘会遭遇各种玩笑和恶作剧。你不想遭受这样的折磨，也不想伤害闺密的感情，你该如何拒绝？

一般拒绝：

我很荣幸你想让我当伴娘，但是我真的不敢去你老家参加婚礼。我听说那里的婚闹很厉害，伴娘会被欺负和侮辱。我不想遭受这样的对待，也不想给你添麻烦。请原谅我，我不能答应你的请求。

高情商拒绝：

亲爱的，我很感激你想让我当伴娘，这是对我最大的信任。但是我必须坦白地告诉你，我有点儿害怕去你老家参加婚礼。我知道那里有一些传统的婚闹习俗，虽然是出于善意和祝福，但是对于伴娘来说可能会很难堪。我不想在这样的场合失态或者哭泣，也不想因此影响你的心情和婚礼的气氛。所以，请你理解我的心情，让我以其他的方式陪伴和支持你。

当闺密结婚想让你当伴娘时，如果你因为害怕婚闹而想拒绝，要注意语气和态度，表达自己的真实想法和感受，并给出合理的理由和替代方案。这样才能保持友谊和尊重。

面对陌生推销，敢于坚决说不

你只是想理个发，理发师非让你烫发

你去理发店想要修剪一下头发，保持原来的发型。理发师看了看你的头发，说："你的头发太直了，不适合你的脸型，建议你烫个卷发，会更有气质。"你不想烫发，觉得太麻烦了，而且烫发不符合你的个性。该如何拒绝？

一般拒绝：
不用了，谢谢，我就想修剪一下头发。

高情商拒绝：
你真是个很专业的理发师，你的建议很有道理。我也觉得卷发很好看，但是我平时比较忙，没有时间打理头发。而且我觉得直发更适合我的个性和风格。所以我还是想保持原来的发型，只想修剪一下。请你不要介意，谢谢你的理解和配合。

表达自己的想法和需求，不要含糊或模棱两可，否则就会给理发师可乘之机，不断地对你进行劝说。因此，拒绝要委婉而坚定，不要犹豫或妥协。

餐厅点餐时，服务员一直推荐很贵的菜

你请朋友去一家餐厅吃饭，服务员说："先生，我们店有刚空运过来的澳洲龙虾和鲍鱼，您和您的朋友要不要尝一尝？"你觉得太贵了，不想点。该如何拒绝？

一般拒绝：

不要了，我就点这些就行了。

高情商拒绝：

谢谢你的推荐，这些菜看起来都很不错，但是我今天想吃一些清淡的菜，而且我已经选好了想要的菜，就这些就可以了。

餐厅点餐时，服务员一直推荐很贵的菜，是一种常见的情况。我们应该根据自己的需求和喜好，合理地拒绝。不要因为好面子而强行点这些菜，最后导致预算严重超支。

街边美容院的店员非拉你进去做美容

你逛街时路过一家美容院，店员拉住你说："美女，开业活动，进来免费做个美容吧。"你该如何拒绝？

一般拒绝：

不好意思，我没时间，谢谢。

高情商拒绝：

我很感谢你的好意，但是我现在有别的安排，不能耽误时间。下次有机会再来体验你们的服务。

拒绝店员的免费美容邀请时，要注意礼貌和坚定。礼貌可以让对方感受到你的尊重和理解，坚定可以让对方知道你的决心和态度。不要给对方留下任何暧昧或犹豫的信号，也不要跟对方起争执或冲突。

你试穿了一件衣服，你不喜欢但售货员说很合适

你在商场试穿了一件红色的连衣裙，你觉得颜色太艳丽，不适合你的风格，但售货员说："这件裙子很显气质，很适合你的肤色。这是最后一件了，你不买会后悔的。"你该如何拒绝？

一般拒绝：

这件裙子不适合我的风格，我还要逛逛别的店，不好意思。

高情商拒绝：

我很感谢你给我推荐这件裙子，它确实很显气质，但是我觉得它和我的个性不太搭配。我还想再看看其他的款式，如果没有合适的，我再回来找你好吗？

一般来说，你可以直接表达你的意见，或者说你有其他的选择。如果你想要高情商地拒绝，你可以先赞美售货员的服务态度，然后委婉地表达你的想法，最后礼貌地拒绝。这样既能保持自己的主张，又能避免伤害对方的感情。

对异性的过分要求
要果断拒绝

异性朋友总是做出不适宜的亲密行为

你和一个异性朋友经常一起吃饭、看电影、聊天，但你只把他当作普通朋友。有一天，他突然抱住你，说："我喜欢你，想和你交往。"你感到很尴尬，该如何拒绝？

一般拒绝：

对不起，我不喜欢你，我们只能是朋友。

高情商拒绝：

我很感动，你是一个很好的人，我很珍惜我们的友谊。我希望我们还是保持现在的关系。

拒绝异性朋友不适宜的亲密行为，需要考虑对方的感受和自己的立场。一般来说，最好用礼貌而坚定的语气表达自己的想法，避免使用过于冲动或模糊的话语。如果对方不能接受你的拒绝，或者继续骚扰你，那么你有权断绝和他的联系，甚至寻求法律帮助。

相亲对象被你拒绝后，要求继续做朋友

你和相亲对象见了一面后，觉得你们之间没有感觉，也没有共同的兴趣爱好，于是你礼貌地告诉对方你不想再见面了。但是对方不死心，还经常给你发微信，约你出去玩。你该如何拒绝？

一般拒绝：

我已经跟你说过了，我不想和你做朋友，也不想再见你。你不要再给我发微信，也不要再约我出去。我们之间没有任何可能，你还是去找别人吧。

高情商拒绝：

我很感谢你的好意，你是一个很好的人，但是我觉得我们不适合做朋友，也不想再见你。你知道我有自己的原则，我不想和相亲对象做朋友，也不想给你造成困扰。我希望你能尊重我的决定，也不要再给我发微信，或者约我出去。希望你能找到更合适的人，也希望你能幸福。

当你的相亲对象被你拒绝后，依然要求继续做朋友，拒绝时要注意语气，要尽量表达你的诚意，不要伤害他的自尊，也不要让他觉得你是在玩弄他的感情。你要让他知道你是一个有原则的人，你不想和他做朋友，也不想再见他。这样，你既可以保护自己的利益，又能避免不必要的麻烦。

异性同事总和你开不合时宜的玩笑

你的同事小王经常在办公室里对你说一些暧昧的话，比如："你今天穿得真漂亮，我都忍不住想亲你一口。"你觉得他这样的玩笑很不合适，也不想给他任何机会，该如何拒绝？

一般拒绝：

小王，你这样说话很让我反感，我希望你以后不要再这样了。

高情商拒绝：

小王，你这样说话是在考验我的忍耐力吗？我可是跆拳道黑带。

高情商拒绝既能表达你对他不感兴趣，又能缓和气氛，让对方觉得你是在开玩笑，而不是在生气。

异性朋友看上你闺密，和你要闺密微信

你和你的异性朋友小李一起去参加一个聚会，你的闺密也在场。小李看到你闺密后，对她一见钟情。小李找到你，说："我很喜欢你闺密，你能不能把她的微信发给我？我想和她认识一下。"你该怎么拒绝？

一般拒绝：

对不起，小李，我不能给你我闺密的微信。我不清楚她对你有没有好感，也不想在她不知情的情况下把她的联系方式给别人。请你理解。

高情商拒绝：

小李，我很欣赏你的眼光和魄力，我闺密确实是个很优秀的女孩儿。不过，我不能直接把她的微信给你，因为这样可能会让她觉得不舒服或者不礼貌。如果你真的喜欢她，我可以帮你在合适的时机和场合介绍一下，让她自己决定是否愿意和你联系。

异性朋友要闺密微信时，你既要考虑闺密的感受和隐私，又要尊重异性朋友的意愿和感情。拒绝时，要注意语气和态度，既要坚定又要礼貌。

异性朋友赠送你很贵重的礼物

拒绝异性朋友赠送的贵重礼物时，要考虑对方的感受和意图，以及你们之间的关系和界限。拒绝时先肯定对方的好意和友情，然后说明自己不能收礼物的理由，并给出一个合适的建议或者替代方案。这样既能保持友谊，又能避免尴尬。

今天你过生日，一位异性朋友拿出一件包装精美的礼物，对你说："生日快乐。小小心意，希望你收下！"你打开一看，是一条很贵重的项链，你觉得这个礼物过于昂贵，你该如何拒绝？

一般拒绝：

谢谢你的好意，但是这个礼物太贵重了，我不能收。

高情商拒绝：

谢谢你的好意，这个礼物很漂亮，我很喜欢。但是这个礼物太贵重了，我觉得不太合适，我怕会给你和我造成一些误会或麻烦。

第五章

爱情篇

>>> 不想做的事，不必勉强答应

男朋友要你改变自己的发型

男朋友对你说："你长头发看起来不好看。不如试试剪短发，我觉得你剪短发一定很帅气，英姿飒爽。"你该如何拒绝？

一般拒绝：

我不想剪头发，我喜欢这样的发型，你别管我。

高情商拒绝：

亲爱的，我知道你是为我好，想让我看起来更帅气，但是我真的很喜欢我的发型，它是我个性的一部分，我不想为了迎合别人的眼光而改变自己。我希望你能理解我，也能接受我，就像我接受你一样。

拒绝对方的意见时，首先，要明确自己的立场和想法，不要被对方的意见或压力所左右。其次，尊重对方的感受和喜好，不要直接否定或贬低对方。

男朋友要求你改变自己的穿着

男朋友一直对你的穿着不满意，说："你看看你穿的这身衣服，一点儿都不好看。我给你买一条裙子吧。女孩子穿裙子多性感。"你该如何拒绝?

一般拒绝:

我不想买那些衣服，你别管我穿什么，我喜欢这样的穿着。

高情商拒绝:

亲爱的，我知道你是想让我更漂亮，但是我真的不喜欢那些衣服，它们不符合我的性格，我穿着也不舒服。我希望你能欣赏我的风格，也能尊重我的选择，就像我尊重你一样。

拒绝对方的要求时，要坚持自己的喜好，不要违背自己的意愿，也不要为了取悦对方而改变自己。要表达自己的感受，不要用攻击性或负面的语言，避免引起对方的反感。

男朋友总喜欢控制你，希望你顺从他的要求

男朋友经常用手段来试图控制你，总说："你不爱我，你不忠诚，你不够关心我。我说什么你就该听什么，你接受我的一切指令，这才是你爱我的证明。"你该如何拒绝？

一般拒绝：

凭什么我要接受你的一切指令，而不是你接受我的一切指令？

高情商拒绝：

我理解你很爱我，但你用的方法并非爱的表现。你了解一种手段叫 PUA 吗？恋人之间如果要用 PUA 的方式控制对方，那是对自己缺乏自信的表现。我理解你的心情，但是 PUA 并不是一个好的解决办法。PUA 只会让我们之间的关系变得更加紧张和疏远，而不是更加亲密和信任。我愿意和你一起努力，找到更加健康和积极的方式来沟通和表达爱意。

恋人要求你接受他的 PUA 时，你应该坚决拒绝，并且表达出自己的感受和想法。你可以根据情况选择直接或者委婉的方式来拒绝，要保持自己的立场和尊严。你也可以尝试帮助恋人解决他的问题，但是不要姑息或者迁就他对你的 PUA。

对方要求你不要和亲友联系

你的恋人说："你为什么总是和你的亲友出去玩？你不在乎我吗？你以后不要再和他们联系了，只能和我在一起。"

一般拒绝：

你怎么可以这样，他们是我的好友，我不可能不和他们联系，你太自私了。

高情商拒绝：

我能理解你的担心，可能你觉得我和我的好友联系会影响我们的感情。但是，我想告诉你，我和他们的关系并不会影响我们的爱情，相反，他们会支持我们，让我们更幸福。我希望你能信任我，也信任他们，给我们一些空间和自由。这样我们才能更好地沟通和相处。

恋人要求你不要与亲友联系，是一种不尊重和不信任的表现，你应该明确地拒绝，并表达自己的想法和感受。同时，你也可以尝试理解对方的动机和情绪，并用温和而坚定的语气沟通和解决问题。

男朋友要求你忍受他的背叛

男友背叛被你发现，面对你的质问，他说："我错了。但我对你是真心的，我真心喜欢的只有你一个。你原谅我吧，我再也不会有下一次了。"你该如何拒绝？

一般拒绝：

你太过分了，你怎么能这样对我，你根本不爱我，你只爱你自己。

高情商拒绝：

我很难过，你的行为让我觉得很受伤，也很失望，你没有尊重我，也没有珍惜我们的感情。你的行为是对忠诚和信任的背叛。我不想再和你在一起，你应该对你的行为负责，也应该尊重我的选择，我们分手吧。

恋人要求你忍受他的背叛是一种不合理的要求，无论出于什么原因，都不能接受。拒绝的时候，要坚定自己的立场，表达自己的感受，不要责怪或攻击对方，也不要自责或委屈。要保持冷静和理智，尽量避免激化冲突或伤害对方。要尊重自己和对方，给彼此一个体面的结束。

男朋友想要窥探你的私密信息

你和男朋友恋爱半年多了,有一天,男朋友突然问你:"能不能把你手机上所有 App 的密码都告诉我,我想看看你每天都在和谁聊天,你每天在淘宝都买些什么东西。"你该如何拒绝?

一般拒绝:

你怎么这么不信任我,你想干什么,你想看我和谁聊天,你想看我买了什么,你想看我花了多少钱,你不尊重我的隐私,你不给我自由,你不是爱我,你是控制我。

高情商拒绝:

亲爱的,我知道你是关心我,想了解我更多。但是我觉得我们之间应该有一定的空间和界限,每个人都有自己的隐私和秘密,这并不代表我有什么要瞒着你的。相反,我觉得我们的感情应该建立在信任和尊重的基础上,而不是监视和控制。如果你真的爱我,就请给我一些自由和信任吧。

恋人要求你告诉他你手机所有 App 的密码,是一个比较敏感和棘手的问题。不同的回答方式可能会带来不同的后果。一般来说,直接拒绝可能会引起对方的反感和争吵,高情商拒绝可能会增进对方的理解和信任。当然,这也要根据具体情况而定,没有绝对的对错。关键是要坚持自己的原则和底线,同时也要考虑对方的感受和需求。

男朋友想贷款，让你做担保人

恋爱的男朋友有一天和你说："亲爱的，我看上了一款车。我非常想买，但是没办法全款，需要贷款。贷款手续需要一个担保人，你能在担保合同上签字吗？"你该如何拒绝？

一般拒绝：

对不起，我不能帮你做担保人，我不想承担这个风险，你还是找别人吧。

高情商拒绝：

亲爱的，我很理解你的需求，但是我真的不方便做担保人，因为我自己也有贷款要还，而且我不太了解你的还款能力和信用状况，如果你出现问题，我可能会陷入困境。我不想影响我们的恋爱关系，你一定能找到更合适的担保人。

拒绝做担保人时，要坚持自己的权利，不要被对方的压力或诱惑所动摇，也不要为了迎合对方而冒险。但拒绝时要寻求对方的理解，不要用强硬或绝对的态度，避免让对方觉得自己的想法或需求没有被重视或满足。

女友要求你参与她与其他人的争吵

女友要求你参与她与其他人的争吵时，你应该拒绝，因为这样不利于解决问题，也会损害你们的感情。拒绝时，要注意表达自己的关心和理解，避免伤害对方的自尊心。同时，要给对方提供一些有用的建议或资源，帮助对方平复情绪，寻求合理的解决方案。

女友和她的同事发生了争吵，回来后，女友对你说："今天气死我了，小林居然骂我。你去给她打电话，帮我骂回来。让她知道我不是好欺负的。"你该如何拒绝？

一般拒绝：

亲爱的，我知道你很生气，但是这是你和你同事之间的事情，我不想掺和进去。我觉得你应该冷静一下，和她好好沟通，解决问题。

高情商拒绝：

亲爱的，听到你说这些，我也很难过。我知道你一定很受伤，觉得很不公平。但是我觉得给她打电话骂回去并不是一个好办法。这样只会让事情更糟糕，也会影响你的形象和声誉。我不想看到你陷入更多的麻烦。我建议你先深呼吸几次，放松一下。你也可以找一个中立的第三方，比如你的上司或者人事部门，帮助你调解这个问题。我相信你有能力和智慧解决这个问题。如果你需要我陪伴或者倾听，我随时都在。

恋人要求你妥协、牺牲或退让

女友想要和你一起去旅行，但是你的工作很忙，不能请假。她说："你不爱我，不重视我，都不愿意为了我牺牲一点儿工作的时间。"你该如何拒绝？

一般拒绝：

我真的很忙，工作很重要，不能随便请假。你不要无理取闹，不要给我施加压力。

高情商拒绝：

亲爱的，我知道你很想和我一起去旅行，我也很想和你共度美好时光。但是你也知道我的工作性质，不能随意调整时间。我不是不爱你，不重视你，而是我有我的职业责任和规划。我希望你能理解我，支持我，而不是让我为难。我们可以选择在其他时间去旅行，或者找一些其他的方式来增进感情。

恋人要求你随意让步、妥协、牺牲，是一种不尊重你的行为，也是一种不健康的恋爱模式。你应该坚持自己的原则和底线，不要为了迎合对方而失去自己。同时，你也应该用温柔和理性的方式来拒绝对方，表达自己的想法和感受，避免伤害对方的自尊心和感情。你可以给对方一些安慰和承诺，让对方感受到你的爱意和诚意。

恋人经常说谎，还哀求你原谅、包容他

男朋友经常对你撒谎，这次他对你说晚上加班，但被你发现是和朋友一起去喝酒。他请求原谅，你觉得很无奈，不知道该怎么办。

一般拒绝：

你总是说谎，你根本不爱我，你不值得我相信、原谅、理解或包容，我不想再见到你。

高情商拒绝：

亲爱的，我很爱你，但是我不能无理由地相信、原谅、理解或包容你，因为这样对我们的感情没有好处，对你自己也没有好处。你经常撒谎，让我觉得你不诚实，不可靠，不负责任，这样会让我失去对你的信任和安全感，也会让你失去对自己的尊重和信心。我希望你能正视你的问题，找出你撒谎的原因，改正你的错误，向我坦露你的真实想法和感受，这样我们才能建立一种健康的关系，我才能真正相信你、原谅你、理解你、包容你。

恋人要求你无理由地相信、原谅、理解或包容他，其实是一种不尊重和不负责任的态度。如果你觉得他有错在先，你有权利拒绝他的要求。拒绝的时候，要注意区分事实和感受，不要用攻击性或指责性的语言，而要用表达自己需求和感受的语言。同时，也要尊重对方的感受和需求，给对方一个解释和改正的机会。这样才能避免冲突升级，促进沟通和理解。

>> **你的生活习惯，不由对方做主**

恋人要求你改变作息，适应她的作息

你是一名程序员，经常熬夜写代码，你的女友是一名教师，每天要早起上班。有一天女友对你说："你能否改变一下熬夜的习惯，经常熬夜对你身体不好。而且影响我睡觉，我每天需要早起，你也每天早睡早起不好吗？"你该如何拒绝？

一般拒绝：

我不想改变作息，这是我的工作习惯，你不能强迫我。

高情商拒绝：

亲爱的，我知道你是为了我的健康和我们的感情着想，想让我改变作息，适应你的作息时间，但是我真的很难做到，因为我的工作性质和你的不一样，我经常需要熬夜写代码，这是我的职业责任和个人兴趣，我不想放弃。我希望你能理解我，也能支持我，就像我理解和支持你一样。

拒绝恋人要求你改变作息的时候，要注意表达自己的理由和感受，尊重对方的选择。同时，要用温和和诚恳的语气说话，避免伤害对方的自尊和感情。

恋人和你的消费观不一致，要求你改变消费习惯

男友看到你买了一条新裙子，说："你怎么买新裙子了？以前旧的不是能穿吗？不要总是买那些没用的东西。"你该如何拒绝？

一般拒绝：

这是我的钱，我想怎么花就怎么花！

高情商拒绝：

亲爱的，我知道你是关心我，也想我们能有更好的生活。但是我买这件衣服是因为我很喜欢它，它让我感到开心。我不是经常买东西，我这样做也不会影响我们的生活水平。我希望你能尊重我的选择。

拒绝恋人的要求时，要注意不要伤害对方的自尊心，也不要让对方觉得你不在乎他的意见。最好能先表示理解和感谢，再说明自己的立场和原因，最后再表达自己的期望和需要。这样既可以避免冲突，也可以增进彼此的信任和理解。

对方想让你为了她改变饮食习惯

你和女友去吃火锅，她只点了清汤底和素菜，而你点了麻辣底和肉类。她看着你吃得很香，说："你怎么总是吃这么辣的东西，对身体不好，你应该多吃点清淡的。"你该如何拒绝？

一般拒绝：

我就喜欢吃辣的，清淡的没味道，我不习惯。

高情商拒绝：

亲爱的，我知道你是为我好，但是我觉得吃辣的对我没有什么影响，而且我很享受这种口感。我们可以尊重彼此的饮食喜好，不用强求改变。你看，我们可以分开点不同的锅底和菜品，这样既不浪费又可以满足各自的需求。

拒绝女友让你改变饮食习惯的时候，要注意不要伤害她的感情，也不要显得固执或不在乎。最好能够表达出你的理解和尊重，同时坚持自己的选择。这样既能保持自己的个性，又能维护两人的和谐。

男朋友想让你学做饭，而你讨厌做饭

男朋友对你说："亲爱的，你能不能学学做饭啊？我觉得女孩子都应该会做饭，这样才能照顾好自己和家人。"你不喜欢做饭，该如何拒绝？

一般拒绝：

我不想学做饭，我有自己的兴趣和事业，不需要为了你而改变自己。你要是想吃好吃的，自己去学或者去外面吃。

高情商拒绝：

谢谢你的关心，我知道你是想我能更好地照顾自己和家人。但是我真的不喜欢做饭，这对我来说是一种负担和压力，而不是一种乐趣和享受。我有自己的兴趣和事业，我希望你能尊重我的选择和个性。我们可以一起去外面吃或者点外卖，或者有时候你也可以给我做做饭，这样我们都会更开心。

拒绝男朋友让你学做饭的时候，要注意不要生气或者冲动，要保持冷静和礼貌；不要直接否定或者攻击他的意见或者人格，要尊重他的关心和动机；不要忽略或者伤害他的感受和需求，要体谅他的期望和愿望。

你想要养猫，但是你的恋人不同意

你买回一只小猫，你的恋人看见了非常不高兴。他不想给自己增添负担，于是要你把猫送人。你很想养猫，该如何拒绝他的要求？

一般拒绝：

我很想要这只猫，不想把它送人。希望你尊重我的想法。

高情商拒绝：

亲爱的，我们的生活有时候挺无聊的，工作上也有压力，养只小猫会给我们增添更多生机呢。我保证我会好好照顾它，不会给你增添太多麻烦。你只需要偶尔和它玩玩，感受一下它的可爱就好啦！

如果你的恋人担心养宠物会对生活造成影响，你可以先和他沟通，共同拟定养宠物的规则以及解决问题的办法。与此同时，你也要向另一半传达出你对宠物的不舍之情，让对方明白宠物对你的重要性。

涉及你的未来，小心谨慎

男朋友要求同居，而你还在犹豫

男友和你恋爱一年了，有一天，男朋友对你说："亲爱的，你可以搬到我的公寓来一起住吗？这样，你的房租可以省下来。而且我们住在一起可以增进我们之间的感情，一举两得，你觉得呢？"你是一个独立自主的女孩儿，不想在没有结婚的情况下和男朋友同居，该如何拒绝？

一般拒绝：
我不想和你同居，这是我的原则，你不能强迫我。

高情商拒绝：
亲爱的，我知道你是为了我们的感情，想让我和你同居，但是我真的不想这样。因为我觉得同居不等于结婚，我不想在没有承诺的情况下和你住在一起，我不想失去我的空间和自由，我不想让我们的关系变得复杂和尴尬。我有自己的生活习惯，我不想因为同居而改变，也不想因为同居而影响我们的感情。我希望你能理解和尊重我的选择。

无论是直接拒绝还是委婉拒绝，都要注意用词和语气，避免引起对方的误会或者反感。同时，也要考虑对方的立场和感受，给予对方足够的理解和尊重，不要让对方觉得你是在拒绝他而不是拒绝同居。最后，也要保持自己的魅力和吸引力，让对方知道你是一个有主见、有个性、有魅力的人，而不是一个随波逐流或者任人摆布的人。

男朋友想带你去大城市发展，你并不想去

你和男朋友大学恋爱，毕业后，男朋友选择回他的城市闯荡，而你选择回到家乡小镇。有一天，男友希望你去他的城市生活。但你不喜欢他所在的城市，该如何拒绝？

一般拒绝：

对不起，我更喜欢家乡的小镇。换城市生活，我肯定会不开心。我不想为了别人而改变自己的喜好和梦想。

高情商拒绝：

我了解你在那边一个人打拼肯定不容易，会觉得孤单，很希望我陪在身边。我也很珍惜我们之间的感情。但你了解我，我不喜欢你所在的城市的压力和竞争，我喜欢和家人生活在我们的家乡，安逸、幸福、没有压力。这是我的个人选择，不是对你不尊重或不爱你。我们想一个折中的方法好不好？我愿意和你保持远距离恋爱，或者你在你的城市打拼累了，想回家了，我这里是你永远的家。

在拒绝另一方邀请你去他所在的城市时，不能只考虑自己的情况，应该从双方的实际情况出发，再真诚地说出你为何拒绝。这样才能让对方理解你，才不会因为你的拒绝而破坏彼此的感情。

有人向你表白，但是你并不爱他

一个朋友突然有一天来到你的面前，向你表白："我喜欢你很久了，今天鼓起勇气向你表白，希望你做我的女朋友。你愿意吗？"你对他没有意思，该如何拒绝？

一般拒绝：

对不起，我不喜欢你，我们不合适，你还是找别人吧。

高情商拒绝：

谢谢你的喜欢，我很感动，但是我对你没有男女之间的感觉，我只把你当朋友。我不想耽误你的时间和感情，你值得遇到更合适的人。

拒绝表白时，要直截了当，不要含糊或拖延，避免给对方错误的希望或暗示；拒绝表白时，要温和而坚定，不要用过于冷酷或尖刻的语言，避免伤害对方的自尊或感情；拒绝表白时，要真诚而理性，不要用虚假或模糊的理由，避免让对方产生疑问或怀疑。

男朋友向你求婚，而你还没有考虑好

你和男朋友交往了一年多，他是一个很好的人，对你很体贴，但是你觉得你们之间缺少了激情和共同的目标。有一天，他突然在餐厅向你求婚，拿出了一枚钻戒，说："亲爱的，嫁给我，好吗？"这让你很惊讶也很尴尬，你该如何拒绝？

一般拒绝：

对不起，我需要时间考虑一下，我还没有想好要结婚。

高情商拒绝：

你真是太好了，我很感动，你给了我一个很难忘的时刻。但是我必须告诉你，我还没有准备好结婚。这不是因为我不爱你，而是因为我还有很多自己的梦想和计划要实现。我希望你能理解我的选择，并且支持我的成长。我也希望我们能保持现在的关系，互相尊重和鼓励。

拒绝男友向你求婚时，要用温柔而坦诚的方式表达自己的想法和感受，既不伤害对方的自尊心，也不损害自己的价值观。同时，要表达对对方的感激和尊重，并且保持友好和开放的态度。这样才能避免不必要的冲突和误解，也能维护双方的关系。

第六章

婚姻篇

>> 婚姻之中，拒绝用语言暴力

老公并不是拿来攀比的

闺密和你聊天时，总是说："我老公很体贴，每天下班总会把饭做好。你老公每天问你吃什么，给你做饭吗？我老公事业有成，你老公是做什么的？我老公……"闺密一直和你攀比老公时，你该如何拒绝这个话题？

拒绝闺密和你攀比老公的话题，要根据具体情况来选择合适的方式。一般来说，直接表达自己的不满是情商比较低的做法，容易伤害对方的自尊心，导致矛盾升级。用幽默或者赞美来缓和气氛，然后转移话题是一种高情商的做法，可以避免冲突，保持友好的关系。

一般拒绝：

我们能不能换个话题？

高情商拒绝：

你老公真是太优秀了，我都羡慕死了。不过我也很满意我的老公，他虽然不如你老公那么厉害，但是他对我很好，我们很合拍。说起来，你最近有没有看什么好电影啊？我听说有一部很好看的喜剧片，我们一起去看吧。

遇事要商量，拒绝自作主张

某一天晚上，你老公突然和你说："我给你准备了一个大惊喜。我预订了国庆去三亚的机票。也订好了酒店。到时候，带你好好在海边放松一个假期。怎么样，是不是大惊喜？"但你单位通知你国庆要加班，没办法休息。面对老公的自作主张，你该如何拒绝呢？

一般拒绝：

你为什么不提前和我商量一下？我国庆要加班，哪儿有时间去三亚。机票和酒店赶快退了吧。以后做什么事儿能不能提前问问？

高情商拒绝：

亲爱的，我知道你很喜欢旅游，你订的地方也很美。但是我们公司通知国庆加班，不能请假。我觉得下回我们应该在做决定之前先商量一下，因为这样我们才能更好地配合彼此的工作和假期安排，也能更好地享受旅行的乐趣。你觉得呢？

婚姻中，遇事商量是一种尊重和理解的体现。如果一方总是自作主张，不考虑另一方的感受和意见，可能会造成沟通障碍和信任危机。

婚姻之中，拒绝翻旧账

婚姻之中，拒绝翻旧账，是一种保护和增进感情的智慧。若对方一直翻旧账，你要做到不要逃避或否认自己过去的错误，要诚恳地道歉和改正。不要指责或质问对方为什么还要提起旧事，要理解和尊重对方的感受。不要沉浸在过去的悔恨或怨恨中，要展望和创造未来的美好。

你和老婆结婚三年了，今天突然为了一件小事你的老婆爆发了，吵架时把过往的旧账又一一翻了出来，说："我这几年跟着你容易吗？我给自己过过生日吗？家里的卫生都是我一个人打扫。孩子刚出生，生病了，我带孩子去看病时，你忘记了你当时在干什么吗？……"老婆一直在翻旧账时，你该如何哄她，拒绝讨论这个话题？

一般拒绝：

你别再提那些事了，我已经改了，你还想怎么样？

高情商拒绝：

亲爱的，我知道你还在生气，我也很后悔以前做过的那些事。但是我们都已经原谅对方了，为什么还要提起呢？我们应该珍惜现在的幸福，不要让过去的阴影影响我们的感情。

两个人沟通时，不能用贬低的词语

有一天，你告诉你老婆，今天跟一个大客户谈了一个重要的合同，但是最后没能签成。你的老婆听了，却开始不断贬低你，你该如何拒绝继续讨论这个话题？

一般拒绝：

你才有问题。我没努力过吗？做买卖哪能每次都能成功。谈不成你就这么贬低我，你觉得你说这话就显得很厉害吗？

高情商拒绝：

我很感谢你对我的爱和关心，你是我最重要的人。我知道你在沟通时贬低我，可能是因为你担心我，或者你想帮助我，或者你觉得我可以做得更好。其实我也很在意这个合同，我也很想签成，但是销售就是有不确定的因素，有时候就是会有意外，这不是我能完全控制的。我不是不接受你的建议，只是我希望你能用更积极的方式来表达，这样我会感觉到你的尊重、理解、鼓励，而不是压力、挫败、失落。你觉得怎么样呢？

婚姻之中，沟通时拒绝贬低对方是一种必要的技巧，可以有效地避免冲突和矛盾，提升双方的幸福感。

冷战期的拒绝语言，该如何说

拒绝冷漠的关键是要有爱心和理解，不要让对方觉得被冷落或者被轻视。我们应该用温暖和诚恳的态度，表达自己的想法和需求，同时也尊重对方的想法和需求，这样才能维持一种健康和美好的婚姻关系。

你和老公最近吵架后，双方陷入了冷战，谁都不理谁。老公想化解这种冷战情况，对你说："今天晚上新上映了一部电影，一起去看电影吧？"处于冷战期该如何拒绝呢？

一般拒绝：

我不想和你去看电影，你自己去吧。

高情商拒绝：

我知道你很想和我去看电影，但是我今天真的很累，需要休息一下。你可以先去看，等我有精神了，我们再一起看别的电影好吗？

>>> **婚姻不等于捆绑，**
拒绝失去自我

婚后，老公让你不要再化妆

你喜欢化妆打扮，觉得这样可以让自己更有魅力和气质。但是你老公却不喜欢你化妆，你该如何拒绝?

一般拒绝:

我化不化妆是我自己的事情，你管那么多做什么。

高情商拒绝:

很感谢你对我的爱和关心，你是我最重要的人。我知道你不喜欢我化妆，但我化妆是因为这样可以让我更有自信和气质。我很在乎你的意见，但是我希望你能尊重我的选择，不要强迫我变成你喜欢的样子。我们可以一起找到一个平衡点，比如我可以在一些特殊的场合化妆，或者我可以化一些淡妆，或者我可以定期素颜。你觉得怎么样呢?

婚后，老公让你不要再追求美是一种不合理的要求，你有权拒绝。拒绝的时候，要明确表达你的立场和原因，同时也要考虑对方的感受和需求，寻求双方的沟通和协调，维护你们的感情。

老公希望你为他放弃社交圈和事业

　　你和老公结婚五年了，一直是家庭主妇。今年，孩子上幼儿园了，你想重新开始工作，有自己的社交圈和事业。当你把想法告诉老公时，他却说："上什么班哪！你在家里接送孩子，给孩子做好饭就可以了。挣钱的事不用你操心。"你该如何拒绝？

一般拒绝：

　　你只顾着你自己的事业，不管我的感受，你根本不爱我，不在乎我，你让我怎么跟你过日子？我要找工作，你不同意就算了，我自己去找，你管不着我！

高情商拒绝：

　　亲爱的，我知道你很爱我，也很努力，我很感激你对我们的付出。但是，我也应该有自己的工作，有自己的价值和成就感，这样才能更好地相处，也能更好地支持你。

　　在与老公沟通想重新开始工作时，需要考虑对方的感受和立场，用合适的方式和语气来表达自己的想法和理由，既要坚持自己的原则和价值观，又要避免伤害对方的自尊和信任。最终目标是达成双方的理解和妥协，维护良好的婚姻关系。

你老公对你的穿搭指手画脚，想改变你的穿衣风格

你的另一半有自己的审美偏好，希望你能展现出他认为更好的形象，总是试图改变你的穿衣风格，无论你穿什么，他都会提出反对意见。你很想坚持自己的选择，该如何拒绝他？

一般拒绝：

你别老操心我怎么穿了。我有自己的想法和感觉，不要总是试图改变我。

高情商拒绝：

亲爱的，我知道你很有审美，也很想让我变得更美，可是我也有自己的想法呀。每个人对穿搭的喜好都不一样，让我保留一些对穿搭的自主权吧，就像我也尊重你的喜好一样。

每个人都有自己的穿着风格和喜好，过度的干涉会侵犯到个人的自主权和自我表达。在这种情况下，可以找个合适的时间和对方坦诚地沟通，让对方明白尊重你的选择和个人空间的重要性。

另一半经常用婚姻束缚你的自由

你和你老婆感情很好，但是她总是想控制你的一切。一天，你老婆对你说："我买了今晚的电影票，晚上吃完饭一起去看电影。"但你已经约了朋友打球。你该如何拒绝呢？

一般拒绝：

对不起，我今天不能陪你去看电影，我已经约了朋友打球。

高情商拒绝：

你：亲爱的，我知道你很想和我一起去看电影。但是今天我已经约了朋友打球，我已经很久没有打球了，你能理解我吗？

老婆：可是我们好久没有约会了，你不觉得我们应该多花点时间在一起吗？

你：当然，我们的时间很宝贵，我也很珍惜。所以我提前和你说了我的安排，希望你能支持我。你知道吗？当我和朋友打球时，我会更放松和快乐，这样回到家后，我也能更好地陪伴你和关心你。

高情商拒绝方式更能体现出对方的重要性和尊重，同时也能表达出自己的需求和立场。这既能保护自己的权利，又能维护婚姻的和谐。

你想过二人世界，而你老公不同意

你和你老公结婚两年了，一直和公婆居住。你想搬出来过二人世界，但你老公却不同意，你该如何拒绝？

一般拒绝：

你只顾着你父母的感受，不管我的感受，你根本不爱我，不在乎我，你让我怎么跟你过日子？我要搬出去，你不同意就算了，我自己去租房子，你跟你父母过吧！

高情商拒绝：

亲爱的，我知道你很孝顺，也很节俭，我很欣赏你的这些品质，也很感激你父母对我们的照顾。但是，我想我们应该有自己的生活空间和隐私，这样才能更好地相处，也能更好地照顾你父母。我不是要跟你父母断绝关系，只是想有一个属于我们自己的家，你觉得呢？我们可以一起找一个合适的房子，也可以经常回来看望你父母，让他们知道我们很在乎他们。

一般的拒绝方式往往是情绪化的，带有指责、埋怨、冲动和不理智的成分，容易引起对方的反感、抵触和争执，不利于解决问题，也会伤害彼此的感情。而高情商的拒绝方式则是理性的，带有赞美、感谢、理解和商量的成分，能够体现对对方的尊重、关心和爱护，有利于达成共识，也会增进彼此的信任和亲密。

你想要孩子，而你的爱人没有这个想法

你和你老婆结婚五年了，一直没有孩子，你把要孩子的想法告诉了老婆，老婆说："我不想生孩子。生孩子太疼了。而且孩子很闹腾，我不想抚养孩了，太累。现在就我们两个人的生活多轻松自在，这样不好吗？"这时候，你该如何和老婆沟通，说服她呢？

一般拒绝：

你怎么可以这么自私，你不想要孩子，你想过我吗？你知不知道我多想有个孩子，多想传宗接代，多想有个完整的家庭？你根本不爱我，不在乎我。

高情商拒绝：

宝贝，我发现你对生孩子很抗拒，我很困惑，我不知道是不是我做错了什么，让你不开心。我很爱你，也很想和你一起生活，你能告诉我你的感受吗？我们可以一起探讨一下生孩子的利弊，也可以一起寻求专业的帮助，让我们的婚姻拥有更多欢乐和幸福。

> 生不生孩子没有对错，就看双方的意愿。而且，应该以尊重女性意愿为主。即使是男人非常想要孩子，也应该和老婆好好沟通，说服对方，而非用道德和价值去绑架对方。

>>> **婚姻是相互扶持，**
不是相互指责嫌弃

老公嫌你挣的少，不如全职带孩子

你和你老公结婚十年，一直相处得很好，但是你老公不尊重你的职业选择，也不理解你的工作价值。你该如何拒绝老公的这个诉求？

一般拒绝：

你凭什么看不起我的工作，你知不知道我在工作中获得多少成就感，多少同事和客户的认可？你根本不懂我，不支持我。

高情商拒绝：

亲爱的，我知道你很爱我，也很努力，我很感激你对我们的付出。但是，我也希望你能尊重我的工作，理解我的价值观。我选择这份工作，不是为了赚钱，而是为了实现自己的梦想，为了帮助更多的人。我不想为了迎合你的期待而放弃自己的兴趣，我觉得这样很不快乐，也很不公平。我希望你能支持我，也能欣赏我现在的样子，因为这是我，这是你爱的我。

女人不能因为男人的需求而放弃自己的事业。但在和老公沟通时，一定不能强硬回绝，而是应该和他探讨为何坚持工作，你希望获得什么。当老公理解你后，也就不会再执着他的诉求。

你因为忙没有做饭，老公下班后指责你

你今天很忙，没时间做饭，老公回家后看到餐桌上空空如也，很生气地说："你怎么这么懒，一天到晚什么都不做，就知道玩手机！"

一般拒绝：

我今天有很多事要处理，你又不是不知道，你怎么这么不体谅我！

高情商拒绝：

亲爱的，你今天辛苦了，回家还没有饭吃，我知道你很饿，也很失望。其实我今天也很忙，有很多紧急的工作要完成，所以没有时间做饭。我本来想等你回来后一起点外卖，或者出去吃点什么。现在我们都很累，也都很饿，不如我们先吃点东西，然后再好好聊聊。我觉得我们可以互相理解一下，毕竟我们都是为了家庭在努力。

避免争吵的关键是沟通和理解。一般直接拒绝的方式会让对方觉得你不尊重他的感受，也不承认自己的错误，容易引起更大的冲突。高情商拒绝的方式会让对方觉得你在乎他的感受，也能理解自己的困难，更容易达成和解和妥协。

你的另一半有洁癖，经常给你带来困扰

你和你老公结婚后，发现老公有严重的洁癖。每天起床，老公都会对你说："你看地上又有一层土了，一会儿把地拖一下。还有，床单被罩也得洗了。昨天换下来的脏衣服，今天也都得洗。"老公这样的要求太过分，该如何拒绝？

一般拒绝：

我不想按照你的要求来生活，你有洁癖是你的问题，不要强加给我。

高情商拒绝：

亲爱的，我知道你很在意家里的卫生，我也很佩服你能保持这么高的标准。但是我觉得我们也需要有一些自己的空间和自由，不要让卫生成为我们之间的负担和障碍。我希望我们能一起找到一个平衡点，既能满足你对卫生的要求，又能让我感到舒适和轻松。我们可以商量一下，哪些事情是必须做的，哪些事情可以适当放松一些。我爱你，我也愿意为了我们的幸福而做出改变。

拒绝时用一种温柔而坚定的态度，既要表达自己的想法和需求，又要考虑对方的感受和立场。最好能找到一个双方都能接受的折中方案，而不是一味地争执或妥协。

老婆要求你挣钱，又要求你时刻陪着她

你是一名程序员，为了给老婆和孩子一个好的生活，每天工作十几个小时。但是老婆却不理解你的辛苦，总是抱怨你不陪她，不关心她的感受。有一天，她给你打电话，说："今晚我想去看电影，你下班早点回家。"你觉得很无奈，因为你正在处理一项紧急的工作。你该如何拒绝？

一般拒绝：

我今天很忙，没时间陪你去看电影，你自己去或者找朋友去。

高情商拒绝：

我很想陪你去看电影，但是我今天遇到了一个很重要的问题，必须解决。我知道你很孤独，很想与我共度时光，很感激你对我的支持和鼓励。你要不要先去看电影，或者找个其他的娱乐方式？等我下班后再一起吃个晚饭，聊聊天。

拒绝老婆的要求不一定是一件坏事，只要你能用合理的理由表达你的诚意，让她感受到你的爱和关心，就可以避免不必要的争吵和伤害。你要记住，你的老婆是你的伴侣，不是你的对手，你们是互相支持，互相成长的。你要尊重她的感受，也要让她尊重你的选择。

如何拒绝老公乱花钱

你的老公在月底和你说："这个月的工资已经花完了，我想买一件新衣服，你给我转 500 块。"你知道他的工资并不低，他只是没有节省的习惯，经常乱花钱，你不想纵容他的浪费行为。该如何拒绝？

一般拒绝：

你的工资哪儿去了？我也没有多余的钱给你，钱都是用来买生活必需品的，想买你自己去想办法吧。

高情商拒绝：

亲爱的，你想买什么样的衣服？这个衣服有什么你特别喜欢的地方吗？你也知道，最近家里开销很大，我目前也没有多余的钱给你。你要是真的很想买这件衣服，等下个月发工资后，我们合计一下，看看除去日常生活外，还是否有多余的钱支持你买这件衣服，你看可以吗？

拒绝老公乱花钱的时候，要注意尊重他的感受，但也要坚持自己的立场。不能伤害他的自尊心，或者导致争吵。可以先表达出你的爱和理解，同时再告诉他为何拒绝。

第七章

亲子篇

>>> 拒绝孩子的不良习惯

孩子不想早睡，想要熬夜

拒绝孩子熬夜的关键是要让孩子明白睡眠对他的成长和发展的重要性，让他自己意识到改变的必要性和紧迫性，而不是强加于他。同时，要尊重孩子的个性和选择，给他一定的自由和空间，但是也要给他一些规则和期望，让他有责任感和自律性。最后，要用理解和沟通的方式，而不是指责和惩罚的方式，来帮助孩子克服困难，养成良好习惯，培养良好的作息规律。

孩子明天要上学，但是晚上十点了，他还在看电视。你告诉他别看了，他说："我还不困，精力很充沛。我想看完这集动画片，我晚一点儿再去睡。"你该如何拒绝？

一般拒绝：

不行，你必须按时睡觉，明天还要上学。

高情商拒绝：

这个动画片这么有意思吗？必须今天看完吗？妈妈给你找到全集，明晚回来你写完作业后，接着看怎么样？或者等周末的时候，爸爸妈妈陪你一起看这个动画片，如何？而且，你虽然现在说精力很充沛，但要是熬得太晚，明天就没办法起床了。身体也会变差。小孩子就得早睡早起，明白吗？

孩子想要玩手机，没有节制

孩子放学回家后，就拿起手机一直在玩，你和他说话他都听不到。到吃饭的时间了，你喊孩子吃饭，他说："别等我，你们先吃吧。我在玩游戏，顾不上吃饭。"面对孩子无节制地玩手机，这时该如何拒绝他继续玩呢？

一般拒绝：

你怎么这么不听话，一回家就玩手机，不做作业，不吃饭。你再这样下去，我就把你的手机扔了！

高情商拒绝：

你在玩什么游戏呀？看起来很有趣。我知道你很喜欢玩游戏，我也不想限制你的兴趣和爱好。但是你也知道玩手机或电脑时间太长对眼睛和身体都不好，而且会影响你的学习和生活。所以我希望你能够自己控制好时间，每天只玩一会儿，然后去做其他的事情。现在已经玩了半小时了，你是想再玩十分钟就停下来呢，还是想先把手机放下来去吃饭呢？你自己决定吧。

高情商地拒绝孩子玩手机更显温和和尊重，既考虑到了孩子的感受和需求，又给了他一个合理的解释和选择。这样更容易让孩子接受和配合。

孩子喜欢赖床，总是不想起来

孩子每天早上都不愿意起床，总是要叫他好几遍，还要催促他洗漱、穿衣、吃早餐，孩子每次都说："我不想起床，我不想去上学，我还想睡一会儿。"你该如何拒绝？

一般拒绝：

你给我起床，不然我就不管你了，你自己看着办吧。

高情商拒绝：

宝贝，该起床了，今天是星期几，你有什么课程呢？你有没有什么期待的事情呢？你知道吗？我今天给你准备了你最喜欢吃的早餐，你快起来吧，不然就要凉了。你实在很困的话，那再睡五分钟，我给你设了一个闹钟，等闹钟响了，你就要起床了，不然你就要迟到了，你要对自己的选择负责，知道吗？

孩子赖床的原因可能有很多，比如睡眠不足、睡眠质量不好、对学习或活动的抗拒等。家长在拒绝孩子赖床时，应该尊重孩子的感受，不要用威胁或暴力的方式，而是用鼓励和引导的方式，帮助孩子形成良好的作息习惯，培养孩子的自主性和责任感，让孩子明白起床的意义和好处。

孩子挑食，不喜欢吃菜

孩子吃饭的时候，不喜欢吃菜，只想吃肉。每次吃饭时他把盘子里的菜都推到一边，说："我吃好了，不想吃了。"你该如何拒绝孩子挑食？

一般拒绝：

你怎么这么挑食，知道有多少人吃不饱吗？你要是再不吃菜，我就不让你吃肉了！

高情商拒绝：

我知道你喜欢吃肉，但是菜也是很好的食物，它可以为你提供维生素和纤维素，让你身体更健康。你看，这个菜是我亲手做的，我花了很多心思和时间，希望你能尝一尝。

拒绝孩子挑食，不要用责备和威胁的方式，而要用理解和鼓励的方式。这样可以避免孩子产生逆反心理和厌恶感，也可以增进亲子关系和信任感。

孩子随意丢弃食物，浪费资源

孩子在吃饭时，总是剩下很多食物，他就直接把剩下的食物扔进垃圾桶，你看到后赶快阻止，孩子却说："这些我都不想吃了，为什么不扔掉呢？"你该如何拒绝？

一般拒绝：

你怎么可以这样？你知道有多少人吃不饱吗？你要珍惜粮食，不能浪费！

高情商拒绝：

我知道你不喜欢吃这个，但是你知道吗？这些饭菜是爸爸妈妈辛苦赚钱买来的，是农民伯伯辛苦种植的，是大自然赐予我们的。如果我们随便扔掉，就是对他们的不尊重，也是对自己的不负责。而且，你知道有多少人因为没有饭菜吃而饿肚子吗？他们多希望能有一碗热乎乎的饭菜。我们应该感恩我们有足够的食物，而不是浪费它。你说对不对？

拒绝孩子浪费食物应该引导孩子自己思考行为的后果，让他们从内心认识到自己的错误，而不是用指责或惩罚的方式让他们感到害怕或愧疚。这样可以培养孩子的责任感和感恩心，也可以增进亲子关系。

孩子只要看到玩具就想买

你带孩子逛商场，他看见一辆遥控汽车玩具，非常想要，就对你说："妈妈，我想要这个玩具，你给我买吧。"但他的玩具已经够多了，你不想给他买，该如何拒绝？

一般拒绝：

不行，你已经有很多玩具了，再买就浪费钱了。你要是再闹，我就不带你出来了。

高情商拒绝：

这个玩具确实很好玩，我也喜欢。但是我们今天来商场是为了买什么呢？对，是为了给你买新衣服。你看，你的衣服都小了，穿着不舒服吧。我们先去买衣服，然后再看看有没有合适的玩具。也许我们可以找到更好的玩具。

拒绝孩子买玩具，需要家长用正确的方法和态度，让孩子明白玩具的价值和意义，珍惜和爱护每一个玩具，培养孩子的选择和节制能力。同时，家长也要以身作则，做孩子的榜样，共同维护家庭的和谐和幸福。

孩子乱花钱，经常买游戏装备

孩子很喜欢玩电子游戏，经常想要买一些游戏装备或者道具，你每周都给他零花钱，但是他觉得不够用，总是向你要更多的钱，甚至还会偷偷用你的手机或者银行卡买游戏装备。面对孩子无礼的要求，该如何拒绝？

一般拒绝：

这游戏装备这么贵。你玩游戏我们就不允许，还要花钱给你买游戏装备？不可能。

高情商拒绝：

我不是说你不能玩这个游戏，而是说要找一个合理的方式来玩。比如，你可以先存一部分钱，然后等这个游戏打折的时候再买，这样你就可以节省一些钱。你也要控制好玩游戏的时间，每天不超过半小时，而且要在完成你的作业之后才能玩。这样，你既可以享受游戏的乐趣，也不会影响你的学习和健康。

当拒绝孩子随意花钱时，一般的家长可能会用直接、简单、命令式的方式，但这可能会伤害孩子的心理和情感，也可能会破坏家庭的和谐。高情商的家长会用温和、沟通的方式拒绝，这样不仅可以保护孩子的心理和情感，也可以增进家庭的和谐。

孩子总想偷懒，做事情拖延

孩子明天要交一篇作文，但是他一直没有动笔。你发现后，就催他动笔。孩子不耐烦地回答："妈妈，我不想写，我觉得写作文很无聊，而且我没有灵感。您能不能帮我写一点儿？"你该如何拒绝？

一般拒绝：

你自己的作业你自己不做，还想让我帮你？你这样怎么能学好？你以后怎么找工作？你以后怎么养活自己？

高情商拒绝：

我知道你不太喜欢写作文，也许觉得很难或者很枯燥。但是写作文是一种锻炼思维和表达能力的好方法，也是学习语文的重要部分。如果你不写作文，你可能会错过很多有趣和有用的东西。而且，如果你不按时交作文，老师会不高兴。所以，我建议你还是尽快开始写吧。如果你需要帮助，我可以给你一些提示或者参考资料，但是最终的作品还是要由你自己完成。这样你才能感到自豪和满足。

高情商的拒绝方式，会让孩子感到被尊重和支持，能够激发他的兴趣和动力。当然，并不是说高情商的家长就不会生气或者不会管教孩子，而是说他们会用更合适和有效的方式来表达自己的意见和期望。

孩子成绩不好，不想学习，只想玩

孩子的数学成绩不好，父母给他辅导作业时，他却说："我不想学习，学了我也不会做题。"你该如何回复？

一般拒绝：
不行，你必须学习，不然你就不许出去玩。

高情商拒绝：
你为什么不想学习，是因为觉得太难还是太无聊？其实你很聪明，只要多付出一点儿时间和努力，就能提高你的数学水平。老师也会教你一些好的方法和技巧。你可以把提高成绩当成一种挑战，每次进步一点点，就会有成就感。而且，如果你的数学成绩有所提高，我们会给你一些奖励，比如说每周带你打一次电动。

当孩子不想学习只想玩时，我们不能简单地拒绝他们的要求，而是要了解他们的想法和感受，给他们一些正面的反馈和激励，让他们认识到自己的潜能和价值，从而增强他们的自信和自律。

孩子和你说谎，该如何做

你发现孩子有一道题没有做，就问他为什么没有做。他说："老师说这道题是选做的，不做也没关系。"你打电话跟老师核实，老师却告诉你这道题是必做的。如何及时制止孩子的谎言？

一般拒绝：

你怎么能撒谎呢？你知不知道撒谎是不对的？你以后再也不许撒谎了，听见没有？

高情商拒绝：

我刚才打电话给老师了，她说这道题是必做的，而且她已经提醒过你了。你为什么要对我说谎呢？你觉得说谎会有什么后果呢？你想一想：如果我对你说谎，你会怎么样呢？你觉得我们之间应该怎样建立信任呢？你现在去把这道题做完，然后跟我说一声。我相信你可以做到诚实和负责。

当孩子撒谎时，家长要用事实而不是感情来表达自己发现孩子撒谎的情况；用询问而不是指责的方式来让孩子认识到自己撒谎的原因和后果；用引导而不是命令的方式来让孩子思考如何改正错误和建立信任；用鼓励而不是惩罚的方式来让孩子感受到自己有能力和责任去做正确的事情。

孩子自私，不喜欢分享

一天，邻居家的孩子小红来你家玩，看见你家孩子的新书，想借来看看。你的孩子不愿意借，小红很生气，于是两个孩子吵了起来。身为孩子妈妈，该如何劝诫呢？

一般拒绝：

你怎么可以这样？你要跟小红分享你的书，不然她会不高兴的。你要懂得跟别人分享，才能交到朋友。

高情商拒绝：

我知道你很喜欢这本书，爸爸也是为了让你开心才买给你的。但是你想想，如果你有一样东西想看，而别人不借给你，你会怎么样？你会不会觉得伤心或生气？小红也是这样的，她也想看看你的书，如果你不借给她，她可能会觉得你不在乎她的感受。其实，跟别人分享并不会让你失去什么，反而会让你得到更多。比如，你可以跟小红一起讨论书里的内容，或者换着看对方的书。这样，你们就可以增进友谊，也可以学到更多的知识。

拒绝孩子自私，让孩子懂得分享，关键是要让孩子理解分享的意义和价值，并且尊重孩子的感受和选择。家长要用引导而不是命令的方式来拒绝孩子的自私或不分享，从而培养孩子的同理心和社交技巧。

第
八
章

技巧篇

>>> 22个拒绝妙招儿，每招儿都效果显著

先肯定再拒绝

朋友周末约你爬山，说："这周末天气很好，咱们一起去爬山吧。既能锻炼身体，还能欣赏美景！"而你只想在家睡觉，该如何拒绝？

一般拒绝：

大周末爬什么山哪。平时上班够累了，谁周末还给自己找罪受。我不去，我只想在家睡觉。

高情商拒绝：

你的邀请让我很感动，你是个很有活力和乐趣的人，我很喜欢和你一起玩乐。不过我周末已经答应了家人的约定，所以我不能和你一起去爬山，真的很抱歉。如果有机会，我很乐意和你参加其他的活动。

先给予肯定，再拒绝的方式，可以让对方知道你的拒绝不是针对他的人，而是基于你的情况和需要，同时也表达出你的感激和赞美，可以减少对方的失落和不快，也可以维持你们的良好关系。

戴高帽法

同事说："我今天的工作真的太多了，这些文件你可以帮我整理一下，做成表格吗？"该如何拒绝？

一般拒绝：

不行，我自己的工作都忙不过来，你自己想办法吧。

高情商拒绝：

你真是太厉害了，能够同时处理这么多事情。我很佩服你的能力和效率。不过，我现在也有很多紧急的任务要完成，恐怕没办法帮你了。请你谅解。

可以看出，给对方戴高帽的拒绝的方式要比一般的拒绝好得多，因为它不仅没有伤害对方的自尊心，反而还提升了对方的自信心，让对方觉得你是在尊重他，而不是在拒绝他。

巧用微笑

一位企业家得知自己艺术界的一个朋友正在举办一场选秀，于是急忙找到他说："我赞助十万元，让我做个评委怎么样？"这个朋友该如何拒绝？

一般拒绝：

对不起，我不能答应你！我们的评委必须是我们演艺界人士。

高情商拒绝：

非常感谢您愿意赞助这场选秀活动。但是，我们对评委的选择是基于专业能力和相关经验的，而非金钱。而且我们的评委阵容已经确定，无法再进行更换。所以您不妨以嘉宾的身份参与到活动中来。您看可以吗？

微笑着拒绝的核心在于：语言同样带笑。也就是说，我们的语言应当充满诙谐与幽默。这种拒绝的语言不会以直接的方式对人进行拒绝，而是让对方发现自己的请求可能真的是不能完成的，从而最终放弃自己的要求。这样的拒绝，不会给任何人带来尴尬。

巧用 "拖" 字诀

你是特级教师，一位年轻教师对你说："您讲课非常好，我想去观摩一下您的课，可以吗？"你并不想让他去，该如何拒绝？

一般拒绝：

不好意思。我的课不可以观摩，会影响我上课。

高情商拒绝：

当然没问题，不过这堂课要做得成功，让学生、家长和领导们都满意，而且必须符合教改要求，我需要好好研究一下方案。所以，请你给我一些时间，我才能邀请你来。

此事采用了 "延时" 的方式，先答应下来，但是把时间无限期地延后。其实，年轻教师一定知道，一堂公开课根本不用太长的时间去准备，这位前辈之所以这样说，就是为了拒绝自己，但是又不忍伤害自己。年轻教师理解到这一点，自然就不会再勉为其难了。

肢体表达

公交车上，一个陌生人坐在你旁边，开始跟你搭讪。你不想跟他聊天，但他一直缠着你，甚至想要你的联系方式。该如何拒绝？

一般拒绝：

我不想跟你说话，请你不要打扰我！如果你再纠缠我，我就对你不客气了！

高情商拒绝：

用礼貌的语气和微笑，告诉他你很忙，没有时间聊天。如果他还不放弃，你可以假装接一个电话，或者找一个理由下车。

无论是用语言还是肢体，拒绝的目的都是保护自己的权利和尊严。拒绝的方式要根据情况和对方的态度而定。一般来说，有礼貌地拒绝，能够避免不必要的冲突和伤害。

短暂延迟

朋友约你周末陪她参加聚会，说："这周末我一个朋友举办一个大型派对，听说有很多帅哥，但我自己不好意思去，你陪我一起去吧？"该如何拒绝？

一般拒绝：

这个……我怕去人多的地方。你看你……能不能找别人陪你去？

高情商拒绝：

你的邀请让我很感激，你是个很好的朋友，这个聚会肯定很有意思，但是我周末已经答应了别人的邀请，所以我不能和你一起去参加聚会，真的很抱歉。如果有机会，我很乐意和你一起玩。

短暂延迟，暗示你有为难之处的拒绝方式，可以让对方知道你的拒绝不是因为你不在乎或者不尊重他，而是因为你有其他的考虑和困难，同时也表达出你的感谢和歉意，可以减少对方的不满和失落，也可以维持你们的良好关系。

设定界限

小王因为好说话，老板总是让他加班，说："小王，今天这个文件你加班弄一下，我着急要。"但这件事并非小王的工作。该如何拒绝？

一般拒绝：

这又不是我的活儿，凭什么让我来弄。我没空。我还有其他的事呢！

高情商拒绝：

谢谢您的信任，但我最近工作很紧张，恐怕无法完成您交给我的这个任务了。最近经常加班到深夜，没有时间陪伴家人和朋友，也没有时间做自己喜欢的事情。而且因为加班太久，我身体出现了问题。等会儿还要去看中医。

设定界限，学会自制的意义在于保护自己的时间、精力和情感，不让自己被他人的需求和期望所牵制。设定界限的方法是明确自己的底线和权利，坚定地说"不"。设定界限的目的不是惩罚或冒犯他人，而是让自己得到幸福和保护。

把丑话说在前

朋友说："明天我准备带着全家出门自驾游，想借你的车用一下，不知道你是否方便？"该如何拒绝？

一般拒绝：

不行，我不能把车借给你，你开车技术太糟糕了，我怕你把我的车弄坏了。

高情商拒绝：

我知道你很需要用车，但是我要跟你说实话，你听完别生气。一是我的车有点儿问题。油耗高、刹车还有点儿不灵。二是你也知道自己的技术，开车并不太稳。驾驶我这辆有问题的车，你能放心吗？

在说丑话时，你要说清楚前因后果，让对方知道这么做的好处和不这么做的坏处，从而在心理上接受你的丑话。

借人推托

一个朋友约你周末喝酒，说："周末来我家喝酒，我刚买了一瓶好酒，咱晚上不醉不归。"你本不喜欢喝酒，该如何拒绝？

一般拒绝：

我不想去，你们自己喝吧。

高情商拒绝：

你真是太好了，邀请我去你家吃饭，我很感激，但是我得先问问我老婆。你也知道她最烦我喝酒，要是她不同意，我喝完回来，这个月就别想有好日子过了。

借人推托，可以避免直接拒绝，减少对方的不快和失望。可以转移责任，让对方觉得你不是故意拒绝，而是受到了其他人的影响。可以争取时间，给自己留有余地，也许对方会改变主意，或者找到其他人来代替你。

不卑不亢

不卑不亢地拒绝，可以避免冒犯或伤害对方，维护良好的人际关系；可以坚持自己的原则和选择，保护自己的利益和权利；可以表现出自己的成熟和理性，赢得对方的尊重和理解。

同学找到你，说："我们新组建了一个兴趣小组，你也来一起参加吧！"而你对这个兴趣小组没兴趣，该如何拒绝？

一般拒绝：

我不想加入，你们的兴趣太无聊了。

高情商拒绝：

你们的兴趣小组很有意思，我很佩服你们的热情，但是我对这个话题不太感兴趣，我觉得我不太适合，你们还是找找更合适的人吧，好吗？

互换立场

同学突然找到你，说："你能帮我写一下作业吗？周末我约了朋友去看电影，我就剩下抄课文这个作业了，也没难度，你帮我写一下吧！"该如何拒绝？

一般拒绝：
我还不想写呢，你自己写吧。

高情商拒绝：
你知道我是一个很重视学习的人，我不愿意做这种违反诚信的事情，如果你是我，你会怎么想？你能理解我为什么要拒绝你吗？你会不会也觉得这样做对你自己没有好处，只会让你更懒惰，更不进步？

这样的拒绝方式，既能表达自己的诚意和理由，又能引导对方的思考和感受，可以避免直接拒绝，减少对方的抵触和反感。可以激发对方的同理心，让对方从你的角度看问题，从而使对方理解和接受。你可以表现出自己的善意和关心，让对方感受到你的友好和尊重。

拒绝转化法

大学快毕业了，你的室友和你说："你能帮我写一下毕业论文吗？我看你写得非常好，我啥都不会，到现在一点儿头绪没有！"该如何拒绝？

一般拒绝：

我也是费了九牛二虎之力写完的，你还想让我帮你写，不可能。你自己想办法解决吧。

高情商拒绝：

很抱歉，我不能帮你写这篇论文，因为这是你的学业，你应该自己完成，这样才能锻炼你的能力，提高你的水平，如果我帮你写了，你就会失去一个学习的机会。

这样的拒绝方式，既能表达自己的诚意和理由，又能激励对方的积极性和主动性，同时可以减少对方的失落和沮丧。你可以给对方一个正面的反馈，让对方感受到你的赞美和鼓励。

引用原则

亲戚突然找到你，对你说："你是你们公司的领导，麻烦把我儿子也安排到你们公司吧。我这个孩子可聪敏了，肯定会是一个好员工。而且，我就这么一个孩子，你也不忍心看着他没工作吧？"该如何拒绝？

一般拒绝：

我帮不了你，你让他自己找工作吧。他有能力的话，一定能找到。

高情商拒绝：

你是我的亲戚，我很关心你的生活，但是我不能帮你把你孩子破格招进公司。因为这是公司的原则，不允许员工为亲友提供任何优惠或特殊待遇，这是为了保证公平和透明。我希望你能理解，也不要因为这个影响了我们的关系。

在拒绝的时候，引用一些公认的、普遍的、不容置疑的原则或规则，让对方感觉你的拒绝是出于正当的、必要的、合理的考虑，而不是个人的、随意的、任性的决定。

坦诚相告

朋友约你周末参加相亲派对，说："听说这个相亲派对有很多优秀的男生，咱们一起去，一定能找到一个令自己满意的男朋友！"你该如何拒绝？

一般拒绝：
我不想去，你自己去吧。

高情商拒绝：
我很感激你的邀请，但是我真的不喜欢这种活动。我觉得这种活动很无聊，也不适合我。找对象这件事我喜欢随缘，一切顺其自然。这种刻意的安排让我很别扭，所以我不想去，希望你能理解。

直接告诉对方你的真实想法和感受，让对方理解你的立场和困境，从而接受你的拒绝。这样的拒绝方式不仅可以避免撒谎或编造理由，减少自己的负担和压力还可以给对方一个真诚的反馈，让对方感受到你的坦诚和信任。可以表现出自己的个性和喜好，让对方更加了解和尊重你。

夸张语气

朋友约你周末参加英语角聚会，说："我们每天都应该进步，不能停滞不前。周末一起去英语角学习吧？"你只想在家休息，该如何拒绝？

一般拒绝：

我周末只想在家休息，不想去。你自己去吧。

高情商拒绝：

谢谢你的邀请。但我周末宁愿在梦中参加联合国会议，在那里我会和各国人士用英语好好交谈，甚至会说服他们学汉语。你那个英语角我就没时间参加了。

夸张的拒绝增加了拒绝的力度，让对方知道你的真实想法，不会产生误会。夸张的拒绝增加了拒绝的幽默感，让对方感觉你是在开玩笑，不会生气；增加了拒绝的亲切度，让对方知道你是在关心他，不会有隔阂。

反问形式

同事找到你，对你说："小李，你能帮我打印一下这份资料吗？我手头事情太多了，没时间打印。"你该如何拒绝？

一般拒绝：

对不起，我现在很忙，没办法帮你做这些工作，希望你能找别人。

高情商拒绝：

你有没有看过《神雕侠侣》？是不是觉得我是周伯通，也能一心二用，可以一边帮你打印文件，一边写我的资料，还能做到两件事都高质量完成？

反问的拒绝增加了拒绝的理由，让对方知道你的困难，不会有不快；增加了拒绝的幽默感，让对方感觉你是在开玩笑，不会有冒犯；增加了拒绝的尊重度，让对方知道你是在尊重他，不会有轻视。

自嘲式幽默

亲戚突然找上门，对你说："我给你报名了周末的相亲角，周末一起去看看。也许就能找到你喜欢的姑娘呢！"你该如何拒绝？

一般拒绝：

对不起，周末我还有其他事要忙，就不参加了。

高情商拒绝：

对不起，您也知道我是个宅男，出门打车晕车，在人多的场合晕人。在我又晕车又晕人的状态下参加这样的聚会，您觉得哪个姑娘会看上我呢？到时候还会给您丢脸。这种丢人现眼的事儿我就不参加了。谢谢您的好意。

自嘲式幽默，以贬低自己的方式回绝对方，往往不会引起对方反感，且能明白你话中的拒绝之意。因此，自嘲式幽默无疑是摆脱窘境或拒绝的最好办法。

婉转拒绝

朋友给你打电话，说："周末一起去网吧打游戏吧，都好久没一起打游戏了。这周末咱玩个通宵，好好过过瘾。"你该如何拒绝？

一般拒绝：

多大了还玩游戏，我不想去。周末我要在家睡觉。

高情商拒绝：

谢谢你的邀请，是很久没有玩游戏了，我周末也很想和你一起去玩，重温我们学生时代的快乐，但是现在我更喜欢在家里看书。我刚新买了一本心心念念很久的书，平时没时间看，准备利用这个周末看完它。

用双关的语气，既没有直接拒绝对方，又暗示了自己目前的兴趣爱好。这种方式可以避免冲突和尴尬，也可以增加自己的魅力和幽默感。

悖论逻辑

朋友打电话约你健身，说："我知道 XXX 地方新开了一家健身房，里面环境很好，而且健身器械很齐全，咱今儿去那儿一起锻炼去？"你该如何拒绝？

一般拒绝：

对不起，我今天有些累，没办法陪你去健身房，希望你能理解。

高情商拒绝：

对不起，我在今天在外面跑了一天，微信步数都达到三万步了。我在天然的健身房已经锻炼一天了，就不去再体验什么新开的健身房了。

用悖论的逻辑拒绝可以让对方感到困惑，从而减少对方的反驳或坚持。同时，它也可以增加对话的趣味性，让对方觉得你是一个有幽默感的人，而不是一个冷漠或无礼的人。

借用方言

朋友约你下班后吃东北菜："下班等着我啊，接上你去吃一家很好吃的东北菜，那是我朋友开的。咱去给他捧捧场。"你该如何拒绝？

一般拒绝：

谢谢你的邀请，但是我有别的安排，下次吧。

高情商拒绝：

多谢你拉我入伙，可惜我今儿个有点儿事儿，改日再去拜访大哥哈！

这样的回答显得更加生动和友好，也能表达出你的真诚和尊重。用方言拒绝的优点是它可以增加沟通的亲密度和趣味性，也能体现出你的个性和风格，让对方感受到你的独特魅力。

给出合理理由

朋友临时通知你，说："这周末我过生日。在×××饭店。晚上6点，你一定能来参加吧？"你该如何拒绝？

一般拒绝：

我周日还有其他事，就不参加了。提前祝你生日快乐。

高情商拒绝：

很抱歉，我不能参加你的生日聚会，因为我已经答应了我的父母，要陪他们去旅行，这是他们的心愿，我不能食言。希望你能理解。提前祝你生日快乐，玩得开心！

在拒绝的时候，给出一个合理的、充分的、无懈可击的理由，让对方无法反驳，从而接受你的拒绝。

重申关系法

朋友找到你，对你说："我最近在银行申请了一笔贷款，需要一个担保人，你来做我的担保人吧。放心，不会有任何问题的。"你该如何拒绝?

一般拒绝：

我不会帮你担保，万一你不还，我岂不是要莫名其妙地背上贷款。你找别人去担保吧。

高情商拒绝：

你是我最好的朋友，我很珍惜我们的友谊，但是这件事我真的做不到。你也知道我现在有房贷，经济压力很大。如果现在再帮你担保，让我老婆知道了，我这日子就没办法过下去了。我希望你能谅解我，不要因为这个影响了我们的关系。

在拒绝的时候，强调你和对方的关系，表达你的尊重和感激，让对方感受到你的诚意和友好，从而缓和拒绝的冲击。这样的拒绝方式，可以避免直接拒绝，减少对方的失望和伤害。强调你和对方关系的同时，让对方感受到你的重视和关心。